# 憲法くん出番ですよ

憲法フェスティバルの20年

憲法フェスティバル
実行委員会＝編

花伝社

憲法施行40周年記念
わたしたちは何が出来るか
わたしたちは何をなすべきか
自由と平和のために
愛と勇気を
憲法フェスティバル
と　き●5月2日(土)午後1時30分～7時
ところ●日比谷公会堂
主催●憲法フェスティバル実行委員会
連絡先●青年法律家協会弁護士学者合同部会
憲法フェスティバル協力券●当日1,800円、前売1,500円、高校生以下1,000円
(小学生以下無料)
(分科会々場は東京弁護士会館、第二東京弁護士会館を予定しています。)
ジェームス三木
小室　等
横井久美子
山岡未樹
[映画会] 午後2:00～3:30
戦争と平和（新憲法発布記念映画）
製作・伊藤武郎／監督・山本薩夫・亀井文夫
(1947年 東宝作品)
[講演] 午後4:00～5:15
「ドラマと人間」
ジェームス三木（脚本家）
[音楽祭] 午後5:30～7:00
小室 等（フォークシンガー）
横井久美子（フォークシンガー）
山岡未樹（ジャズシンガー）
◉戦争資料展（会場ロビー）
[分科会] 午後1:30～3:30
第一分科会●核燃サイクル問題を考える
第二分科会●憲法を授業でどうつたえるか
第三分科会●いま「核基地化」を問う！
第四分科会●映画人と憲法を語る
第五分科会●ふれあおう、各地の息吹き
(各地人権・平和運動交流会)
第六分科会●国家秘密と私達の生活
第七分科会●岩手靖国判決を問う

ポスター（第1回）

コントを演じるザ・ニュースペーパー（第９回）

「憲法おもしろまじめクイズ」に答える参加者たち（第７回）

憲法くん出番ですよ——憲法フェスティバルの二〇年——◆目次

はじめに――〈憲法フェスティバル〉二〇周年によせて――　杉原泰雄　7


## I　憲法フェスティバルの誕生
――一九八七年・憲法施行四〇周年を記念して――

1　憲法理念が侵害されている――一九八〇年代後半――　12
2　憲法フェスティバルの出発　14
3　音楽と講演を柱に　17
4　組織と宣伝　21
5　俄然、注目を集めた「戦争と平和」　24
6　いよいよフェスティバル当日　29
7　憲法フェスティバルの経験と成果　32
8　現在に続く憲フェス運動の源泉　35

目次

II 憲法フェスティバル二〇年の軌跡
——第一回（一九八七年）～第二〇回（二〇〇六年）——

第一回（一九八七年）40／第二回（一九八八年）40／第三回（一九八九年）44／第四回（一九九〇年）48／第五回（一九九一年）52／第六回（一九九二年）55／第七回（一九九三年）59／第八回（一九九四年）64／第九回（一九九五年）68／第一〇回（一九九六年）73／第一一回（一九九七年）78／第一二回（一九九八年）82／第一三回（一九九九年）87／第一四回（二〇〇〇年）92／第一五回（二〇〇一年）95／第一六回（二〇〇二年）100／第一七回（二〇〇三年）104／第一八回（二〇〇四年）108／第一九回（二〇〇五年）112／第二〇回（二〇〇六年）116

III 〈憲法フェスティバル〉って何だ？——二〇年をふりかえって——

1 憲法フェスティバルのめざしたもの 124
2 憲法派とフェスティバル派のジレンマ？ 128
3 動員型の運動からの脱却をめざして 132

4　参加しておもしろい実行委員会をめざして　135
5　組織は好きじゃないけれど　139
6　人脈こそ命?!　143
7　やるっきゃない！――綱渡りの財政二〇年――　146

## Ⅳ　〈憲フェス実行委員〉って何だ？

――憲法フェスティバルと私――

何のご縁か実行委員（平出吉茂）152／実行委員会に恐るおそる出てみたら（高岡久子）156／会社人間が仲間を見つけた（佐藤博和）158／浪花節だよ!!憲フェスは（井堀　哲）160／ヤクトク！の三時間（北山紀子）162

## Ⅴ　憲法フェスティバルへのエール

防波堤（ジェームス三木）164／先駆的な文化企画の更なる発展を！（横井久美子）165／未完

の市民革命を完成させるために（森 英樹）166／「憲法くん」生まれる（松元ヒロ）167／「憲法施行五〇周年の夜」のこと（水島朝穂）168／今を生きるものの責任（伊藤 真）169／九条は空気のように（池田香代子）170／誓いと手向け（加藤 剛）170

［附］憲法よもやま講座の開催　173

憲法フェスティバルにご賛同いただいている方々　178

編集後記　179

# はじめに　――〈憲法フェスティバル〉二〇周年によせて――

一橋大学名誉教授　杉原　泰雄

## (1) 平和憲法は人類の宝

徹底した平和主義（「戦争の放棄」）、充実した人権の保障、国民主権下の本格的民主主義、各地域の活性化を目指す地方自治などを定める日本国憲法は、注目に値する現代憲法です。人権の保障と民主的諸制度の前に、「戦争の放棄」の章をおいているのは、素晴らしいことです。数千万人の死者を出した第二次世界大戦の経験からも明らかなように、現在においては、戦争になれば、人権の保障も民主主義もすべて不可能になってしまうことを自覚しています。軍事科学技術が異常なまでに発達をした現代においては、戦争は、民族や人類の滅亡さえももたらしかねません。

戦争にならなくても、最先端の軍備をするだけで、経済と財政が破綻します。ソ連＝東欧型社会主義諸国は、軍備の負担に耐えきれずに崩壊してしまいました。アメリカ合衆国も、ぼう大な軍事費の故に、「双子の赤字」（連邦財政と国際経常収支のぼう大な赤字）にさいなまれています。平和憲法の方向に進む以外に、人類の未来はないようです。平和憲法は、日本の誇りであり、人類の宝です。

## (2) 平和憲法のもとで進む憲法無視の政治

憲法の制定時には、政府は、憲法で戦力の保持が禁止されているから、これからは誰がみても警察力の範囲内でしか武力を持たない、と明言していました。しかし、いまでは、有事法制の本格的な整備やイラクへの戦時出兵が強行されています。安倍政権のもとでは、「戦後レジームからの脱却」(日本国憲法体制からの脱却)が公然と叫ばれ、歴代の自民党政権が第九条があるから認められないといい続けてきた集団的自衛権についても、態度を変えようとしています。

国民主権のもとでは、政治権力の担当者は、国民から憲法を通じてはっきりと認められていることだけを、憲法の定める方法(手続・条件)に従ってしか、おこなうことができません。権力を担当する者が憲法を無視しておこなう政治を、専制政治といいます。軍事についての専制政治は、とくに危険です。軍は、国内最大の実力です。それを憲法の明文の規定もなしに、勝手に解釈で強化していくことは、人権と民主主義の破壊に道をひらくだけです。

## (3) 問われる主権者・国民の力量

「権力を担当する者がすべて権力を濫用しがちであるということは、永遠の経験の示すところである」(モンテスキュー『法の精神』)。

そうならないように、憲法に従って、権力担当者を監視し、統制するのが、主権者・国民の役割です。そのために、憲法は、国民に、「一切の表現の自由」を保障し(第二一条)、自由で秘密の普通選挙によって、憲法を無視する政治家を落選させ、与野党を逆転させることも、保障しています。今日の日本の政治状況は、私たちが主権者としての役割を果たしてこなかったことの結果ともいえます。

「人民は、絶対に腐敗させられないが、ときにあざむかれることがある。人民が間違っていることを望むようにみえるのは、そのような場合だけである」（ルソー『社会契約論』）。

権力を担当する者は、つねに権力を濫用しがちですが、そのためにあらゆる手法を使って国民をあざむこうとします。その代表的な手法が「解釈改憲」といわれる憲法解釈の極度の悪用です。憲法第九条の恣意的な解釈は、その代表例です。このような政治に対抗するためには、主権者・国民による憲法学習がどうしても必要です。それを怠れば、国民は、権力担当者の権力濫用がみえなくなり、平和・人権・民主主義を奪われてしまうことにもなりかねません。

憲法施行の直前に制定された教育基本法は、その前文の冒頭で、「この理想［憲法の定める平和・人権・民主主義などのこと］の実現は、根本において教育の力にまつべきものである」と述べていました（この規定は、このあいだの教育基本法の改正によって削除されてしまいました）。「真の主権者」になるための憲法学習（主権者学）が必要です。

## （4）「真の主権者」となるために

憲法の学習は、憲法問題に関心をもつことから始まります。この点においては、この二〇年間、憲法フェスティバルがよきガイドの役割を果たしてくれました。どれほど多くの市民が憲法問題に関心を寄せるようになったことか、と注目しています。継続は力です。これからも創意工夫をこらしたフェスティバルの継続と発展を願っています。また、東京以外の各地域でも、独自性豊かな憲法フェスティバルが始まるようにと期待しています。

もうひとつ期待していることがあります。憲法問題に関心をもっている人たちが、各地域で、できればまだひとりだけで考えている人たちとも協力して、憲法学習の会をつくることです。「知は力」です。そのようにして、多くの市民が憲法を自分のものとするとき、憲法を大切にする「美しい国・日本」が具体的にみえてくるはずです。

# I

## 憲法フェスティバルの誕生

——一九八七年・憲法施行四〇周年を記念して——

## 1　憲法理念が侵害されている——一九八〇年代後半——

【数年間の動き】

一九八四・五・一五　自民党安保調査会、防衛費のGNP比一%枠の見直しに着手
　　　一一・　六　レーガン米大統領再選
　　　一一・一一　逗子市長選で、米軍住宅建設反対派の富野暉一郎、初当選
一九八五・三・一〇　ソ連共産党書記長にゴルバチョフ就任
　　　八・一二　日航ジャンボ機、御巣鷹山に墜落、五二〇人死亡
　　　八・一五　中曽根首相、戦後首相初の靖国神社公式参拝
　　　九・二二　G5、プラザ合意。円高進行へ
一九八六・四・二六　ソ連、チェルノブイリ原発事故
　　　七・　六　衆参両院同日選挙、自民党圧勝
　　　七・二二　第三次中曽根内閣発足
　　　九・　五　藤尾文相、「日韓併合は韓国にも責任」と発言、九・八　罷免
　　　九・　六　社会党党首に土井たか子、日本初の女性党首
　　　一一・二一　伊豆大島の三原山噴火、全島民約一万人が島外に避難

一二・三〇　八七年度政府予算案、防衛費がＧＮＰの一％枠を突破
一九八七・三・三〇　水俣病、熊本地裁原告勝訴判決
四・一　国鉄分割民営化。国鉄一一四年の歴史を閉じ、ＪＲ六社等発足

私たちが一九八七年に憲法施行四〇周年記念企画として、「憲法フェスティバル――がんばれ日本国憲法」をやろうと思いついたのは、たんにこの年が憲法施行四〇周年の区切りの年に当たるというだけではありませんでした。その当時、私たちの回りを見渡すと、平和主義、民主主義、基本的人権の尊重という日本国憲法が高らかに掲げる理念が、急速に侵害されつつあるように思えたからでした。たとえば、一九八六年末の予算編成作業の過程でいともたやすく突破された防衛費ＧＮＰ一パーセント枠、非核三原則を実質的に空文化する密約の存在、首相や閣僚の靖国神社への公式参拝、国家秘密法制定の動きなどあげればきりがありませんが、「戦後政治の総決算」をとなえ、「私個人は議員としての立場では憲法改正論者だ」といってはばからない中曽根康弘氏が内閣を主宰していることもその大きな理由の一つでした。

こうした社会状況のもと、私たちは、核の時代といわれるなかで、あらゆる戦争を放棄し、戦力の不保持を宣言した日本国憲法の恒久平和の理念は、いっそう輝きを増しているように思いましたし、そのことをぜひ広く訴えたい、と痛切に感じたのでした。

## 2　憲法フェスティバルの出発

### ◆二つの底流

憲法フェスティバルの出発には、二つの大きな底流がありました。一つは一九八五年五月二日、読売ホールで上演された「劇版日本国憲法・今日私はリンゴの木を植える」(作・演出＝ふじたあさや)の流れです。この題名は、「たとえ明日世界の終わりが来ようとも、今日、私はリンゴの木を植える」というマルチン・ルターの言葉から取られたもので、リンゴの木＝憲法を育てていこうという願いが込められたものでした。

この憲法劇の上演は、憲法擁護を設立趣旨にかかげる法律家の団体「青年法律家協会」(青法協)の弁護士学者合同部会が呼びかけ、多くの市民団体が実行委員会を結成して準備をすすめ、新劇人会議の全面的な協力を得て実現にこぎつけたもので、一四〇〇名を超える市民が集まって大成功をおさめました。憲法フェスティバルの準備をはじめた八六年当時、「今日私はリンゴの木を植える」の熱気はいまだ冷めやらず、といった雰囲気がありました。

そして忘れてはならないもう一つの大きな流れは、全国各地で同様の企画が同時進行し、それらが互いに良い意味で刺激しあい、また影響を与えあってきたということです。

### ◆従来の枠を打ち破って

他方、憲法行事というと、この当時、講演とアピールで構成された集会といった、一定のイメージやパターンがありました。私たちは、憲法フェスティバルでその枠を大きく打ち破ることを期待しました。一九八六年一一月に発送された「ご賛同とご協力のお願い」はこの点を次のように表現していました。

「憲法を守る運動といいますと、従来えてして肩をいからせた難しいものになりがちでしたが、そうではない、何よりも楽しく、明るい、それでいて真面目で親しみやすい企画を創ってゆきたいと思っています。内容としては、憲法や平和にかかわる映画の上映会、講演会、パネル展示や子ども向けの紙芝居、そして音楽祭、個別の問題については別個に分科会を開く、といったイメージが出されております。」

このような意味を込めて、私たちは憲法施行四〇周年の企画を「フェスティバル」と銘打つことにしました。さらに、その当時すでに総人口の八四パーセントが昭和生まれの世代、全体の六割が戦後生まれという現実がありました。その現実を踏まえて、若い世代が気軽に参加できる企画、またお母さんが子どもづれでも参加できる楽しい企画を考えようというのが出発点でした。実行委員会に出てきた若いメンバーは企画の議論で、「これなら君の恋人や友人をさそえるか？」とよく聞かれたものです。だから、開催後に参加者から「友人をさそったが、この種の企画ではじめてひけめを感じなかった」「これならもっと友だちや家族をつれて来ればよかった」という声が聞かれたのは大変うれしいことでした。

日比谷公会堂という会場の選択には最後まで躊躇がありました。実行委員のメンバーはお互いに電話などで連絡を取り合い、悩みに悩んだあげく都内でも最大規模の二〇〇〇名を超える大会場を選ぶことになりました。「清水の舞台から飛び下りる」というのはこのような時の心境を言うのではないでしょうか。「四〇年に一度のことだから思いきって大きくやろうや」「大きな会場を設定すれば、逆にそれが目標となってエネルギーも出るし、運動も広げざるを得ない」などの言葉にはげまされ、あるいはおだてられて決定をしました。しかし、結果的には会場が狭すぎることとなります。

じつは、日比谷公会堂は憲法施行に深い因縁があり、そんなこともこの会場を選ぶ一つの動機となりました。憲法が施行された四〇年前の一九四七年五月三日、憲法普及会（新憲法の普及を目的に、政府肝いりで一九四六年一二月一日設立。会長芦田均）が新憲法施行記念講演会を午後一時から、この日比谷公会堂で開催していたのです。当時の『朝日新聞』は、「雨にもめげず聴衆は場外にあふれた」と伝えていますが、小雨まじりの天候は八七年の憲法フェスティバルも同様でしたし、内容も大変類似していました。憲法改正委員会委員長安倍能成氏は、「もしその運用の道を誤り精神をはき違えたなら色々な混乱が生じてくるが、生かすも殺すもその責任は国民にある」と有名な演説をおこない、粟島すみ子舞踏団の「憲法音頭」や日映映画「われらの議会」も上映されています。

## 3　音楽と講演を柱に

一九八七年の憲法フェスティバルの企画内容は、大きく分けて映画会・講演会・音楽会（以上、日比谷公会堂）・分科会（東京弁護士会館）。日比谷会場は、午後一時三〇分から午後七時までというロングラン企画でもあり、出入り自由で参加してもらえればというのが当時のねらいでした。著名な講演者や音楽家を招いてそれを中心として企画を組み、参加者をつのろう、映画はいわば前座的な役割を果たすもの、という程度の認識でした。しかし、私たちの当初のその思惑はまったく逆転する結果となりました。

**◆音楽**

音楽の企画内容については、憲法の心を理解する音楽家にお願いし、実行委員会にもできる限り参加してもらいながら雰囲気もつかんでもらいたいという希望から、以前からお付き合いのあった横井久美子事務所に無理を言って引き受けていただくこととなりました。そして、初めから終わりまで横井事務所の担当者が実行委員会に参加し、あるいは実行委員会のメンバーが横井事務所へ押しかけて出演者をまじえて打ち合わせや懇談をするなど、とても和気あいあいとした雰囲気のなかで準備が進められました。

**◆講演**

憲法に理解がありかつ人を集めることができる著名人、という大変困難な注文が出されていました。名前があがったのは、灰谷健次郎、藤本義一、沢村貞子、ジェームス三木、山田洋次、森村誠一、井上ひさし、山田太一、イーデス・ハンソン、黒柳徹子、久米ひろしなどの各氏。いずれもこちらの一方的な片思いでしたが、年末に実行委員の一人がジェームス三木さんと直接お会いする機会があり、その際ご本人から快諾が得られました。

テーマも「ドラマと人間」と決定しました。憲法の条文解釈のような話ではなく、ドラマ作りやその他の分野で活躍しておられる三木さんが、それらを通じて考えていることを幅広い見地からゆったりと話してもらう、そしてそのなかに平和や民主主義の問題を織りまぜてもらうことになりました。

### ◆映画

この分野も二転三転しましたが、一月の中旬になって突然四〇年前に製作された映画「戦争と平和」（亀井文夫・山本薩夫共同監督）にめぐり会うこととなります。この映画は、新憲法制定を記念して、憲法普及会のよびかけにこたえて作られたもので、夫の戦死公報で再婚した妻のもとに、生きていた夫が復員してきたために起こる二重結婚の悲劇を描いて、その悲劇の元凶こそ戦争であると強く訴えかける作品でした。実行委員の多くが大変驚き、また一部にはとまどいもありました。とりあえず試写会を開いて観てみようということになり、二月に入ってから日比谷みゆき座の上にある東宝本社での試写会となりました。白黒でテンポも遅く現代の若者に受け入れられるだろうかという危惧も一部にありましたが、大勢はこれは十分に現代にも通用するというものでした。

それに「四〇周年記念集会で、四〇年ぶりの幻の名画の再映」ということで大変宣伝しやすいということでも一致しました。この映画が得られたことで映画担当者は燃えました。パンフレットの「チャップリンの映画を古いと一蹴しないあなたへ」と題した一文の中には次のような熱いメッセージが記されていました。

「『そう北海道で椅子のない劇場で立ち見で何度も涙を流しながら見ました』『私も見ました。この映画は、当時の若者の生きかたに深い影響を与えた映画でしたね』そんな映画が五月二日、憲法に育てられた世代の手で、四〇年振りに日比谷公会堂で公開されます。ぜひ見に来て下さい。」

波紋が広がり各方面から大きな反響がよせられるようになるにつれ、これは大変な映画なのだという実感が徐々に深まってきました。朝日新聞のある記者は「君たちは大変なことをやろうとしているのだ」とはげましてくれました。聞くと今まで何度もいろいろな団体や個人がこの映画を引っ張り出そうとして失敗しているとのことでした。

八七年二月二七日、この映画の監督の一人であった亀井文夫さんが死去されました。各紙がいっせいに亀井さんの業績を紹介します。戦前製作された「戦ふ兵隊」はえん戦映画として上映禁止、一九四一年には治安維持法で検挙され一年間拘置される。戦後になって天皇の戦争責任を追及した「日本の悲劇」を作成したが米占領軍にプリントを没収される。亀井さんが有名な東宝争議のリーダーの一人であったこともあってか、東宝はこの間一貫して亀井作品が世に出まわることをしぶっていました。

予想していたことではありますが、フェスティバルの三日ほど前になって東宝からプレッシャーがかかってきました。それはきちっとした契約が取り交わされていたにもかかわらず、貸出料金が安すぎたなどというまったく理由にもならないものでした。フィルムは東宝が握っているので当日になって突然貸し出さないという恐れもある。この映画を目当てにジャンジャンと前売予約の電話がかかっている最中の出来事でもあり、場合によっては前日に仮処分でもかけて、裁判所から東宝に対して貸し出しの命令を出してもらわなくてはと、一時は緊張が走りました。東宝窓口を通じて、また「戦争と平和」のプロデューサーをつとめた伊藤武郎さんを通じて東宝と交渉し、ようやく貸出料金の値上げということで決着をつけることができました。直ちに料金を支払い、フィルムを手元に持ってきてひと安心という一幕もありました。

### ◆分科会

分科会にも当初私たちが予測した以上のテーマが名乗りをあげました。映画がこんなに話題になるなどとは夢にも考えず、分科会を映画の時間帯と重複させてしまい、後日各方面から苦情が集中しました。開催された分科会は次のとおりでした。第一分科会「核燃料サイクル問題をどう考えるか」、第二分科会「憲法を授業でどう伝えるか」、第三分科会「いま『核基地化』を問う」、第四分科会「映画人と憲法を語る」、第五分科会「ふれあおう、各地の息吹き――各地人権・平和運動交流会」、第六分科会「国家秘密と私達の生活」、第七分科会「岩手靖国判決を問う」。参加者の合計は一六五名でした。

## 4　組織と宣伝

### ◆呼びかけ人に七一名が

各分野の内容作りと並行して、前年の一〇月はじめ頃から精力的に呼びかけ人の依頼も始めました。まず最初に呼びかけ人の基礎となるいわば「呼びかけ人の呼びかけ人」をいくつかの手づるをたどってお願いしました。一二月末現在で次の各氏が快諾されていました。家永三郎（学者）、斉藤茂男（ジャーナリスト）、早乙女勝元（作家）、俵萌子（評論家）、沼田稲次郎（学者）、増田れい子（ジャーナリスト）、松岡英夫（評論家）、松井康浩（弁護士）、山住正己（学者）。二月、三月と着々と呼びかけ人の数が増え、最終的にはチラシやプログラムに記載された秋山ちえ子さんをはじめとした七一名の方の賛同が得られました。ハガキのなかに記されていたメッセージをいくつか紹介します。

「なによりも幅広い憲法を大切に思うすべての人びとの参加を」（山田洋次）

「日本国憲法は戦争の犠牲の上にたち人類永遠の理念を謳ったものです。それをたかだか

戦後四〇年で風化させてはなりません」（森村誠一）
「せめて、せめてです、せめて吾々が平和憲法を守りぬかなければ、愚かな戦争で死んだ人たちの魂は安らかに眠れません。それが誓いであり手向けです」（木下恵介）
木下さんから寄せられた文書を読み、実行委員一同「ああ、これだ」と感銘を受け、直ちにご本人の了承を得てチラシに掲載させていただくことになりました。この短文に込められた思いが八七年の憲法フェスティバルの基調を形作ったといっても過言ではないでしょう。漫画家のちば・てつやさんが賛同のハガキに描いて送って下さった、当時大人気のマンガ『おれは鉄平』のカットは、実行委員を大よろこびさせました。女優の吉永小百合さんや憲法学者の樋口陽一さん、評論家の加藤周一さんからも当日参加できないので呼びかけ人は辞退するなどとしながらも、誠意ある連帯のメッセージが寄せられました。

### ◆ポスターとチラシで

その年の三月九日になっていよいよポスター一五〇〇枚、チラシ二万枚（後に増刷して合計五万枚）、チケット五五〇〇枚（後に二〇〇〇枚増刷）が事務局に届けられました。一週間で二万枚のチラシは底をつき、三五〇〇枚を越えるチケットを各団体や個人に委託することができました。

いくつかの法律事務所では「リンゴの木」の経験にならって「依頼者の中に運動を広げよう」を合い言葉に、チラシにおさそいの手紙を付けて多数の人びとに案内を出してくれました。私た

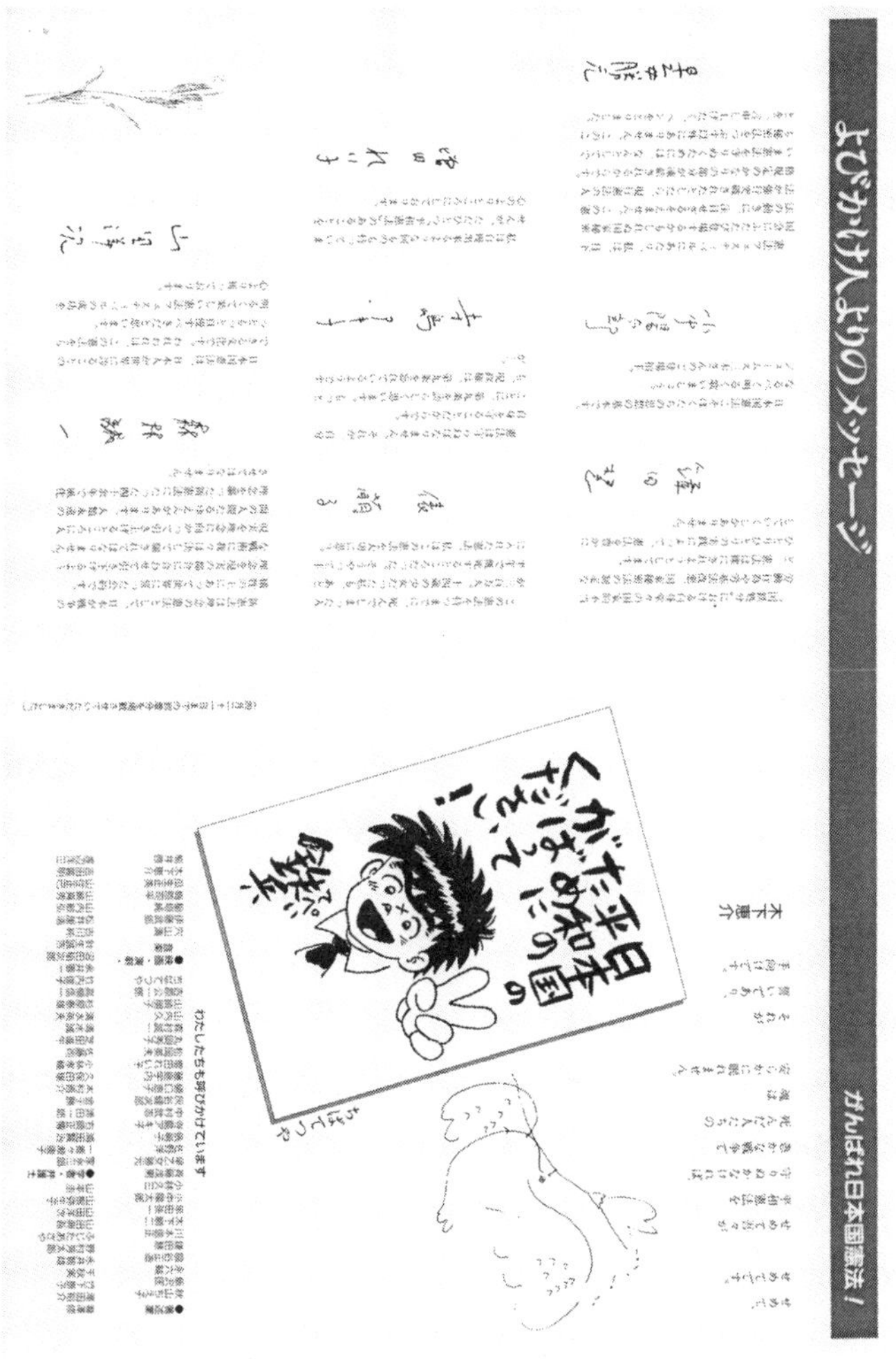


プログラム掲載の「よびかけ人よりのメッセージ」から

ちも数度にわたり千代田区内の各労働組合を回り要請をしました。「リンゴの木」の参加者でアンケートに答えてくださった方、青年法律家協会（青法協）の人権集会や学生セミナーの参加者にも全員要請の手紙を出しました。友人や知人や同僚に一対一で売り歩く人、中野区の公営掲示板にポスターが張り出されているのを発見したという報告も寄せられました。本屋さんや喫茶店や料理屋さんにポスターを張ってもらったり、自宅の玄関の前にポスターを張り出す弁護士も出現、考えられるいろいろな取り組みを実践に移しました。

## 5　俄然、注目を集めた「戦争と平和」

映画関係者は当初から、映画だけで一〇〇〇名を集めてみせると豪語していました。つまり入場者の二分の一程度は映画「戦争と平和」だけで引き受けるということです。まず「戦争と平和」のためのリーフレットの作成が実行委員会に提案され、しばらくして内容豊かな実にすばらしいリーフレットが一万部完成。当日配布分を除いて七五〇〇部を使って独自の宣伝が開始されました。憲法記念日が近づくにつれて新聞やテレビやラジオ等のマスコミが私たちの憲法フェスティバルに注目するようになりました。そして、四〇年ぶりに本格上映となった「戦争と平和」に話題が集中します。朝日新聞は早くからこの映画に狙いを絞って、映画の出演者などに取材を重ねていました。

映画「戦争と平和」リーフレット

# よみがえる新憲法記念映画

戦後間もなく、新憲法の制定を記念して作られた映画「戦争と平和」が、四十年ぶりに上映される。当時、政府の憲法普及会（芦田均会長）が東宝に製作を依頼、その年の映画ベストテン二位に選ばれた作品。四十歳になる憲法の大切さを訴えようと、五月二日に東京で開く「憲法フェスティバル」の実行委が、上映を思い立った。この映画に「平和への願い」をこめたプロデューサーも、会場にかけつける。

## 「戦争と平和」40年ぶり上映

### 来月2日、日比谷公会堂で

「戦争と平和」の宣伝パンフレット

伊藤　武郎氏

憲法施行は昭和二十二年五月三日。憲法の理念を広める映画づくりの依頼が、憲法普及会から東宝など三社に持ち込まれ、東宝に割り当てられたテーマは「戦争放棄」だった。

そして、生まれたのが「戦争と平和」。夫の戦死公報が届き、幼子を抱えた妻は夫の友人と再婚する。ところが、夫は生きていて終戦で復員、二人の夫と妻をめぐる悲劇が空襲にあった廃墟の街を舞台に展開される。

監督は故人の亀井文夫さんと山本薩夫さん。岸旗江、池部良、伊豆肇さんらが出演、五月末に完成した。しかし、GHQの検閲で、占領軍や天皇制を批判したとされる部分二十四カ所、三十分近いフィルムがカットされ、一時間半の映画に縮めてやっとOKが出た。

映画は大きな反響を呼び、観客は延べ一千万人にのぼったという。キネマ旬報の昭和二十二年度邦画ベストテンの第二位にランクされもした。

その後、なぜか上映される機会は訪れず、東宝に保管されたままだった。憲法フェスティバル実行委がこの映画の存在を知り、「憲法施行四十周年という節目の年に、憲法の原点を考え直すため、是非上映したい」と借り出した。

「戦争と平和」のプロデューサーだった伊藤武郎さん(86)＝東京世田谷区＝は「題名はトルストイの小説から、とっさに思いついた。上映の相談を受けたとき、平和を誓って再出発しようとしたあのころのことをかみしめてみるのは、大変意味があると思った」と話す。

伊藤さんは新憲法の永久平和の理念に「よく、思い切ってそこまで言った。素晴らしい憲法」と感激したという。

憲法フェスティバルは五月二日午後一時半から東京・日比谷公会堂で。参加費千八百円（前売り千五百円、中・高校生は千円、小学生以下無料）。連絡先は青年法律家協会弁護士学者合同部会（電話03・234・6047）。

毎日新聞、1987年4月19日付

朝日新聞（夕刊）

戦争と平和　施行四十周年の集会で上映

平和憲法の心　訴えた映画いま再び

政府要請で燃えた製作陣
GHQにカットされたが
施行の年、空前の大ヒット

にゅうす・らうんじ

朝日新聞、1987 年 4 月 25 日付（夕刊）

まず、毎日新聞が四月一九日付の社会面で大きく取り上げます。そして翌週の四月二五日には朝日新聞が三面のほぼ半分を使いきった大々的な報道を行いました。次いで東京新聞、赤旗と続々と報道。NHK、TBS、日本テレビ、共同通信、時事通信、東京中日スポーツ、日本放送、文化放送などからも取材の申込が相次ぎました。TBSが前日五月一日の「テレポート6」で予告放送を流しました。このようなマスコミ各社の報道、とくに毎日と朝日の紹介記事は運動を質的に変化させるにいたりました。

報道直後からフェスティバル当日まで事務局のおかれていた青法協の二台の電話は朝から晩まで問い合わせで鳴りっぱなしとなりました。ついには、電話局があわてて「この局番はかかりにくくなっておりますので、おかけなおしください」というアナウンスを流すまでになりました。こちらからチケット販売をお願いするのではなく、きそって前売券の申込みが殺到するなどということは、おそらくこの種の企画では例のないことでした。申込みの電話の内容も熱意あふれるものばかりでした。「一日から息子のところに泊まって、当日は一二時頃から並びたい」「自分は観ることができなくても良いからせめて子どもたちだけには観せてほしい」「高校生三〇名を引率して行きたいがどうか」「四〇年前に観たがぜひもう一度観たい」などなど……。さまざまな事情を考慮して、数日前から前売券の販売をストップせざるを得ない事態となりました。

## 6　いよいよフェスティバル当日

実行委員会に参加された草の実会、法律会計特許一般労組、俳優座、平和遺族会・東京などの方々も積極的に協力を申し出ていただき、当日も朝早くから集まり準備に入りました。朝から事務所を閉め全員が手伝いに参加してくれた法律事務所まで出現。期待と不安の入りまじるなかであわただしい準備が続けられました。一二時頃になるとすでに入場者が公会堂の入口に並びはじめ、開場時刻前には、日比谷公園の門の外にまで延々長蛇の列ができました。

数日前からの電話の問い合わせに対して「前売券はすでに完売したので当日早めに並んでほしい」と説明していたためでしょうか。場外係が当日入場はできないかもしれないと説明して歩き、そのため多くの方が入場を断念して帰宅されました。若い青年が「僕は良いから使ってくださいと老人にチケットを譲る光景もあった」と感想文には記されています。

実行委員会を代表して青年法律家協会・弁護士学者合同部会の議長高見澤昭治弁護士の開会のあいさつがあり、それに続いて、午後二時三〇分、いよいよ「戦争と平和」の四〇年ぶりの上映の開始。一瞬緊張が走ります。午後四時に終映し同時に鳴り止まぬ拍手が会場を包みました（翌日の新聞は「満員の観衆に感銘」と報道）。

続いて、映画に主演された池部良、伊豆肇、岸旗江の各氏とプロデューサーの伊藤武郎さんが登壇。四〇年前の撮影にまつわる思い出話に花が咲きました。なかでも伊豆肇さんの「廃墟の東京で撮影が行われたが、東京をこういうふうにしたのは戦争だ、一番最初に誰が戦争をやれと言ったのか、そんなことを考えながら演じていた」という話は印象深いものでした。

次いで会場に参加していた女優の竹下景子さんのあいさつがあり、講演者のジェームス三木さん登壇。三木さんは「ドラマと人間」というタイトルで肩のこらないユーモアあふれる話を展開、場内は爆笑の渦。夕方より弁護士木村晋介さんをまじえたトーク場面をはさんで、小室等さん、横井久美子さんなどのフォークやジャズが会場を盛り上げました。

最後に木下恵介さんが呼びかけ人を代表してあいさつ。戦争への怒りやその当時の不安な情勢について腹の底から会場の人びとに語りかけました。沖縄戦では日本兵が女・子ども・老人を含め住民を殺害したこと。今度また戦争をして戦死したら、靖国神社に祀ってあげると自衛隊の兵士を鼓舞する。そしてその目的で神社へ参拝する首相や閣僚の腹のなかは……、という話は圧巻でした。最後に木下さんは、「こんな大勢の人がこの平和憲法を守るために集まったことに感動した。皆さん、がんばっていっしょに闘いましょう」と話を結び、場内から割れんばかりの拍手を受けていました。

入場者は合計で二〇〇〇名を大きく超えました。当日の夜には、NHKと日本テレビがフェスティバルの模様を放映、五月四日には日本テレビが「ルックルックこんにちは」で特集番組を組みました。

# 憲法きょう40周年

## 護憲・改憲、各地で催し

日本国憲法が昭和二十二年五月に施行されて、三日は四十回目の記念日。防衛費の対国民総生産（GNP）比一%枠撤廃や、国家秘密法（スパイ防止法）案の行方、さらに衆参両院の議員定数の抜本是正問題にほとんど進展が見られないなど、憲法の根幹にかかわる問題や政治、社会状況が生まれている。護憲、改憲両勢力とも三日は各地で集会を開くが、憲法が掲げる国民主権、平和主義、基本的人権の尊重の三つの原点をもう一度、見定める時期に来ているといえそうだ。

（3・社会面に関係記事）

中曽根首相は今年に入り「四十年間の憲法の状況を点検し、改めるべき点は勉強してより良いものを心がけるべきだ」などの発言を繰り返しているが、一方で「現内閣は憲法改正を政治日程に乗せない」との姿勢もとり続けており、かつてのような改憲志向発言は鳴りをひそめている。しかし、既成事実の積み重ねが憲法の空洞化を進めているのではないか、との危機感は護憲勢力などに強い。

防衛費の一%枠撤廃問題は、このところ売上税論議の陰に隠れてはいるが、各地の護憲派の集会では、今後予想される防衛力の増強と憲法九条の理念との関連が集中して取り上げられそうだ。国家秘密法案は今国会中の提出は難しいとみられているが、自民党の推進派は法案成立への意欲を燃やしている。

政教分離の原則にからむ靖国神社公式参拝問題は、昨年、中曽根首相が中国など近隣諸国への外交的配慮から、一転、参拝を見送ったが、公式参拝を合憲とした三月の岩手靖国住民訴訟判決（盛岡地裁）が今後どのような影響を与えていくかも注目される。

昨年秋の中曽根首相の「知識水準発言」を機に、アイヌ民族など少数民族の人権的差別や法の下の平等の問題が改めて問われているほか、在日韓国・朝鮮人の指紋押捺（おうなつ）制度をはじめとする在日外国人の基本的人権などの国際的な対応と憲法との関連も論議になっている。

**主な集会**

三日、各地で開かれる「憲法集会」は次の通り。

東京では、社会党が午前十時から上野公園の東京文化会館前で街頭宣伝を行い、午後一時からの日比谷公会堂での護憲連合主催の四十周年記念国民集会で土井委員長らがあいさつする。公明党は午前十時から新宿駅西口で矢野委員長らが演説。民社党、同盟などの憲法擁護新国民会議は午前十一時半から渋谷駅前で春日元民社党委員長らが出席して中央集会を開く。共産党は午前十時から池袋駅東口で村上委員長代行らが街頭演説。共産党系の憲法会議は午後一時から神田の日本教育会館で集会。

憲法改正をめざす自主憲法制定国民会議と自主憲法期成議員同盟（会長・岸信介元首相）は午後一時半、東京・千代田区公会堂で、第十八回自主憲法制定国民大会を開き「四十年も前の占領憲法を改めよう」とのテーマでシンポジウムを催す。

民間団体では、憲法学者による全国憲法研究会（代表・奥平康弘東大社会科学研究所長）が午後一時半、東京・有楽町の読売ホールで記念講演会を開き、ピアー北大教授と小林直樹専修大教授が日米双方から見た憲法四十年のテーマで話をする。

改憲派は「日本を守る国民会議」（黛敏郎運営委員長）が午後一時から都内の九段会館でシンポジウムを催し、大沼保昭東大教授、安藤仁介神戸大教授らが出席。

政府は公布三十年にあたる五十一年に憲政記念館で「憲法記念日式典」を開いて以来、憲法記念日にちなんだ行事を催しておらず、今年も予定していない。

映画や講演などで戦後憲法の意義を再確認した憲法フェスティバルには多数の参加者が詰めかけた＝2日、東京・日比谷公会堂で

朝日新聞、1987年5月3日付

## 7　憲法フェスティバルの経験と成果

八七年の憲法フェスティバルの経験や成果を考えるとき、規模や内容は異なりますが、どうしても一九八五年五月二日に読売ホールで上演された憲法劇「今日私はリンゴの木を植える」に思いを致さざるを得ません。私たちは、八七年のフェスティバルで「リンゴの木」の運動を着実に引き継ぎ、そしてそれをさらに大きく発展させたといえます。

当時、私たちがフェスティバル運動を始めようと回りを見渡したとき、すでに「リンゴの木」などで運動をした仲間、「自由と平和のために愛と勇気」を持つ仲間がそこにいました。それは「リンゴの木」の感激や実績を共有しあった仲間であり、詳しい説明ぬきでいっしょに運動のスタート台につけたことは幸せでした。

**◆過程を大切に**

運動の結果ではなく運動の過程を大切にしよう。これが市民レベルの運動を成功させる一つの重要な要素ではないでしょうか。

実行委員会のたびに映画やビデオ上映、あるいは参加者のレポートなど実行委員会そのものの内容を豊かにし学習の場にすること、そして何よりも参加者の要求や意見を最大限尊重することを心がけてきました。そして、私たちは、運動が広がるにつれて多くの人びとにめぐりあい、そしてそれらの人びとが憲法にかかわる課題を抱えて各地域、職場などでがんばっていることを知りました。

靖国問題に取り組む人、核基地化を憂う人、各地で地道に平和憲法運動を積み重ねる人、学校の教育の現場でどのように生徒に憲法の心を伝えるか苦闘する教師、北辺の地青森の六ヶ所村に思いを馳せて核燃料サイクルの危険性を訴える人、その当時懸案だった国家秘密法阻止に情熱を燃やす人。そして平和や民主主義を訴える映画や演劇の製作や普及に人生をささげる映画人や演劇人等々……。当時の人びとの情熱は、同じような、いや、さらに切迫した時代状況をむかえようとしている今日に、確実に引き継がれています。

フェスティバルは多くの人びとや団体のエネルギーを結集し、そのエネルギーが回りの人びとに一人ひとり語りかけてチケットを販売する力となり、運動を広げていきました。弁護士は依頼者に声をかけ、地域や職場の運動家は仲間に呼びかけ、家族・友人・知人・隣人をさそいました。運動の性格からして組織的な動員ができる力もなく、またそれらにたよらないで、言葉のとおり〝草の根から運動を作りあげる地道な努力を重ね〟それが実を結びました。

### ◆映画の力

そして、企画を成功に導いた鍵は何といっても映画の力ではなかったでしょうか。四〇年ぶりの新憲法発布記念映画の上映、最初の上映当時には一〇〇〇万人以上の人びとが観た映画、日本を代表する監督・制作者の作品、その名もズバリ「戦争と平和」。憲法施行四〇周年記念の集会ということもあり、マスコミにも大きなインパクトがありました。

「当時の憲法カルタや憲法音頭のレコードを探してくれないか」と前日電話をかけてきたテレビの担当者、「私自身も実は一度観てみたい」という記者、そして「先日の『憲法フェスティバル』大変意義あるすばらしい行事でした。朝日新聞支局襲撃の事件等、急に世の中変になりつつある様です。マスコミにいる我々もこんなことに屈しないで頑張らねばと思っています」という一文を添えて、わざわざ当日のテープを送ってきてくださったラジオのレポーターなど、私たちはマスコミ関係者の声を聞くにつけ、その思いを一層深くしました。

◆市民の共感

それまでの「憲法集会」というと、学者や政治家の講演というパターンがありました。それらの必要性ももちろん決して否定できません。しかし、八七年のフェスティバル企画はそのパターンを脱し、市民の誰もが気軽に誘いあって参加でき、そして楽しみながら憲法四〇周年を祝う、そして戦後四〇年間平和で豊かな日本を築いた礎である憲法を再確認するというものでした。そんな実行委員の思いが市民に受け入れられたのでしょうか。

参加者の四分の一を超える五四五名の人がアンケートに答えてくれました。そのうち「良かった」「大変良かった」の合計が四五六名（八三%）です。また、これも大変なことですが、その半数の人が今まで憲法集会に全く無縁の方々でした。一〇代～三〇代が二三二名、全体の約四二%を占め、今度憲法企画を行う際は実行委員会にも参加したいとする方が、一九五名もおられたことにも驚かされました。

## 8　現在に続く憲フェス運動の源泉

八七年の憲法フェスティバルでは、青年法律家協会を中心とした多くの法律家や数多くの市民や団体の方々が実行委員会に参加し、力を出してくれました（表1）。せっかく集まったこの力を一回限りに終わらせてしまうのはもったいない。これはこの種の運動を成功させたときに誰もが抱く共通の思いでしょう。八七年のフェスティバルには将来につながることを大いに期待させるいくつもの要素が秘められていたような気がします。

その一つは、何十万の会員を抱える大きな組織との協力関係というのではなく、組織としてはそれほど大きくはないが、平和や民主主義を守る活動を日頃から実践し、そして憲法にかける思いは誰にも負けないと自負する団体や個人が数多く集まることができたということです。そしてそれらの一つ一つの団体や個人が、一つ一つは小さくても皆が集まって力を出し合えば大変なことができるのだという実感を共有し得たことです。フェスティバル準備の中で培われた大きな連帯の輪を大切にし、さらに発展させ、年に一度でよいから皆が集まって経験を交流したり、市民に訴える機会をぜひ持ちたい。その思いが翌年から現在まで続いている憲フェス運動の源泉です。

表1　憲法フェスティバル（1987年）参加・協力団体（個人又は有志参加を含む）

| | |
|---|---|
| 青年法律家協会・弁護士学者合同部会 | 青年税理士連盟（小池幸造） |
| 全国青年司法書士協議会 | 早稲田大学学生 |
| 草の実会 | 一橋大学学生 |
| 平和に生きる権利の確立をめざす懇談会 | 40期司法修習生 |
| 独立映画センター | 41期司法修習生 |
| 税経新人会 | 宗教者平和協議会 |
| 全国民主主義教育研究会 | 津久井平和の集い |
| 東京戦争資料展実行委員会 | 東京歴史教育者協議会 |
| 法律会計特許一般労働組合 | 横井久美子事務所 |
| 東京芸術座 | 学校災害全国連絡会 |
| 劇団俳優座 | 東京母親連絡会 |
| 平和遺族会・東京 | 戦犯記念碑訴訟 |
| 東京公害患者と家族の会 | 中野憲法会議 |
| 子供を事故から防ぎ生命と健康を守る会 | |

一九八七年の憲法フェスティバルをまとめた文章は次のような言葉で結ばれていますが、次の年にそして現在まで続いている憲フェス運動の源泉を的確に表現しているといえるでしょう。

「今のような時代、とかく内にこもり、小さな運動を作りがちな私たちではなかったのではないでしょうか。外へ目を向け、手を差しのべればそこには共通の課題や悩みを、そして困難な状況をなんとかして打開しようと願う多くの人びとがいました。今のような時代だからこそ、一人ではさまざまな圧力に屈してしまいそうな私たちだからこそ、連帯を求め呼びかけに応えようと心待ちにしているのではないでしょうか。二〇〇〇名を超える連帯の輪はそのことを如実に物語っているように思えます。

憲法記念日を祝い、各地で数多くの憲法行事が催されていたその日、朝日新聞阪神支局の第一線記者が何者かに銃撃され、そのうち一名が殺害されるというきわめてショッキングな、そして不気味な時代を想起させる事件が発生しています。

そんな時代だからこそ私たちは声を大にして『がんばれ日本国憲法』と叫ぼうではありませんか。そして『自由を愛し、平和を願う人びとよ。われら市民仲間よ。いまこそ誓おう、憲法に返ろう、憲法をまなぼう、憲法を守ろう』と。」

（宮原哲朗）

# II

## 憲法フェスティバル二〇年の軌跡

――第一回（一九八七年）～第二〇回（二〇〇六年）――

●初回（第一回）一九八七年――《憲法施行四〇周年記念》

◆五月二日（土）午後二時―午後七時◆日比谷公会堂

◆プログラム――◇［映画］「戦争と平和」（新憲法発布記念映画、一九四七年東宝作品、制作＝伊藤武郎、監督＝山本薩夫、亀井文夫、出演＝池辺良、岸旗江、伊豆肇）◇［講演］ジェームス三木（脚本家）「ドラマと人間」◇［音楽］小室等（フォークシンガー）／横井久美子（フォークシンガー）／山岡美樹（ジャズシンガー）――〈司会〉遠藤剛（俳優）、小池達子（フリーアナウンサー）

◆会場ロビー展示――戦争資料展

◆分科会（東京弁護士会館）――「核燃料サイクル問題をどう考えるか」／「憲法を授業でどう伝えるか」「いま『核基地化』を問う」／「映画人と憲法を語る」／「ふれあおう、各地の息吹き（各地人権・平和運動交流会）」／「国家秘密と私達の生活」／「岩手靖国判決を問う」

▲参加者数　二三〇〇名▲参加費（当日）一八〇〇円

●第二回　一九八八年――テーマ《平和の意味を問い直す》

◆四月三〇日（土）午後一時三〇分―午後八時◆イイノホール
◆プログラム――［オープニング］反戦影絵アニメ「煙突屋ペロー」（二一分、一九三〇年「童映写製作）◇［講演］灰谷健次郎（児童文学者）「生きること学ぶこと」◇［幕間］「面白憲法クイズ」観客全員参加◇［音楽］日本フィルハーモニー交響楽団（室内編成・本名徹二指揮）「アイネ・クライネ・ナハトムジーク」、「動物の謝肉祭」（ピアノ＝東郷まどか、吉川柚花／パントマイム＝高木尚三、福井茂、菅美帆子、高橋健三、奈緒祐介、林田陽子）／ジャズ＝寺下誠トリオ◇［映画］「二十四の瞳」（一九五四年松竹作品、脚本・監督＝木下恵介、主演＝高峰秀子）――〈司会〉木村晋介（弁護士）、横井久美子（歌手）
◆会場ロビー展示／「平和ポスター展」（提供＝平和博物館を創る会）／「戦争資料展　もうひとつのアルバム」（協力＝小松健一、佐々木俊成、森住卓、日本平和委員会、日本新聞労連他）
◆参加者数　八〇〇名／参加費（当日）二五〇〇円

【一年間の動き】

一九八七・五・三　朝日新聞阪神支局襲撃事件
八・二一　富野逗子市長、米軍住宅建設に反対して辞職。一〇・一一再選
一一・六　中曽根首相退陣、竹下首相
一九八八・一・二五　韓国大統領に盧泰愚《ノテウ》就任

三・一三　青函トンネル（当時世界最長）開通
四・一　東京の地価、前年比六八・六％上昇。史上最高
五・一五　ソ連軍、アフガニスタンから撤退開始

一九八七年に憲法フェスティバルを準備していた時には、毎年開催することは予定されていませんでした。しかし、期待をはるかに超えた大成功（「I　憲法フェスティバルの誕生」参照）に力を得て、「来年もやろう」ということになり、八七年の憲法フェスティバルの実行委員会に参加したメンバーやご協力をいただいた諸団体とともに、第一回の際のアンケートに「実行委員会に参加の気持ちがある」と答えていただいた参加者全員に、実行委委員会へのお誘いをし、さまざまな職種、幅広い人たちの参加を得て実行委員会を立ち上げました。

実行委員会ではドイツ映画「橋」（第二次大戦中、橋の防御を命ぜられた少年たちの目線で、戦争の悲惨さと愚かさを描いた）の上映をしたりしながら準備を進めました。また、社会状況についての思いや、フェスティバルを楽しいものとするためのさまざまな意見やアイデア、工夫が出されました。

まず決まったのは、講演を灰谷健次郎さんにお願いすることでした。灰谷さんは第一回のフェスティバルの時にも講演者の候補に挙がっていたこともあり、日程も合い、すぐにご快諾をいただきました。当日の「生きること学ぶこと」と題した講演は、一時間三〇分の熱のこもったもの

で、「生命を全うする」ことの大切さ、重さ、そして教育、平和のとらえ方におよび、参加者からも「ただの（普通の）生活（くらし）がいかに尊いものであるか、平和ということの意味を改めてかみしめました」「会社の門をくぐると憲法が忘れ去られる現実を変えてゆく力は、生命をともに大切にする、この一点での連帯こそが重要であることを感じさせられた」「深く感銘した」等々大きな反響を呼びました。

この灰谷さんの講演の前に反戦影絵アニメ「煙突屋ペロー」（二一分）を上映しました。このアニメは、一九三〇年（昭和五年）、学生を含む京都の青年アマチュア映画グループ（「童映写」三二年解散）により製作されました。その後行方が分からなくなっていましたが、八七年に発見されたものです。検閲のために失われていた最後の七分を復元し、常田富士男さんの語りをつけて蘇りました。当時の青年の素直な反戦・平和へのアピールが伝わる童話アニメでした。

音楽では、日本フィルハーモニー交響楽団（室内編成。本名徹二指揮）による「アイネ・クライネ・ナハトムジーク」が聴衆を魅了。そして「動物の謝肉祭」で若い演劇人たちがパントマイムをコラボレーションして、大きな喝采を浴びました。もう一つ、ジャズの寺下誠トリオ。寺下さん（ピアノ）は反核ジャズの会の結成当初からのメンバーで、憲法フェスティバル実行委員会に参加された小杉敏さん（ベース奏者）の紹介でつながりを持つことができました。憲法集会でのジャズの演奏というのは初めてだったのではないでしょうか。すばらしい演奏でした。

最後に映画「二十四の瞳」の上映。木下監督は、一九五二年一二月に壺井栄さんのこの小説に出会い、すぐに壺井さんに「エイガニシタシ」との電報を打ったといわれています。原作のみならず、木下監督の強い平和への思い、人間への思いが溢れた名作で、参加者の感動を呼びました。

このほか、この年は、観客全員が参加する「面白憲法クイズ」、会場ロビーでの「平和ポスター展」（提供＝平和博物館を創る会）、「戦争資料展　もうひとつのアルバム」（協力＝小松健一、佐々木俊成、森住卓、日本平和委員会、日本新聞労連他）もあるといった盛りだくさんの企画。会場は立見も出る盛況で、大きな成功を収めることができました。

## ●第三回　一九八九年――テーマ《国際水準からみた日本の人権状況》

◆四月二九日（土）午後一時三〇分―午後七時五分◆ニッショーホール

◆プログラム――［パネルディスカッション］「国際水準からみた日本の人権状況」安江良介（前『世界』編集長）＋暉峻淑子（埼玉大学教授）＋増田れい子（毎日新聞「女のしんぶん」編集長）＋ジャスリン・フォード（共同通信記者）◇［音楽会］〈お話〉佐藤克明（音楽評論家）「ベートーベンとフランス革命」〈演奏〉「ヨゼフ弦楽四重奏団」（東京都交響楽団）、〈歌〉寺井一通◇［映画］特別試写会「善人の条件」（一九八九年松竹、ジェームス三木初監督作品、出演＝津川雅彦、小川真由美、丹波哲郎）〈あいさつ〉ジェームス三木

◆会場ロビー展示——平和ポスター展（提供＝平和博物館を創る会）
▲参加者数　八〇〇名／参加費（当日）二五〇〇円

【一年間の動き】

一九八八・五・一三　奥野誠亮国土庁長官、日中戦争不侵略発言で辞任
　　　　六・一八　川崎市助役、リクルート未公開株譲渡で約一億円の利益をあげていたことが発覚（リクルート疑惑事件の発端）
　　　　七・二三　横須賀沖で海上自衛隊潜水艦なだしおと釣り船が衝突、三〇人死亡
　　　　八・二〇　イラン・イラク戦争、開戦後七年余で停戦、死傷者約一〇〇万人
　　　一一・　八　米大統領選で共和党のブッシュ（父）当選
一九八九・一・　七　裕仁天皇死去、昭和天皇と追号。皇太子明仁、皇位継承。平成と改元
　　　　四・　一　消費税スタート三％

この年のフェスティバルも大きな成功を収め、会場のニッショーホールは定員（七四二席）を超える八〇〇名以上の参加者で埋まりました。

まずは、パネルディスカッション「国際水準からみた日本の人権状況」。

この年はフランス人権宣言から二〇〇年の年に当たりました。この時期日本はまだバブルの最

コーディネーターの安江さん（第３回）

パネリストの暉峻さん、増田さん、フォードさん（第3回）

盛期。「経済大国」「国際国家日本」などといわれながら、日本の人権状況は、二〇〇〇年の歴史の中で豊かにされてきた人権の国際水準からみて、かなりいびつなものがあるのではないか、「西側の一員としての役割を果たす」などといったキャッチフレーズの下でたくらまれる憲法「改正」がもたらす事態は「西側の一員」どころか「西側社会からのドロップアウト」なのではないか、といった問題意識から、このパネルディスカッションを企画しました。このとき私たちの頭の中にあったのは、朝日新聞社襲撃事件（前々年五月三日）であり、天皇の代替わり（この年一月）の際の報道のありようであり、拘禁二法案(冤罪の温床となっている代用監獄（警察留置場）制度を恒久化しようとする法案）や指紋押捺、福祉の切り捨て等の状況でした。

　日本ジャーナリスト会議に相談に乗っていただ

きながらパネリストの選定に入り、まずは岩波書店の安江良介さん（前『世界』編集長）にコーディネーターをお願いでき、暉峻淑子さん（埼玉大学教授）、増田れい子さん（ジャーナリスト）、そして最後に外国人記者ということでジャーナリスト会議から推薦のあったジャスリン・フォードさん（共同通信）が決まりました。

当日は各パネラーの発言に共感の拍手がわき、大変熱のこもったパネルディスカッションとなり、わずかの時間にもかかわらず会場からの発言申し込みは三〇通を超え、人権状況アンケートも九〇通を超える大きな反響を得られた企画となりました。

音楽会は、東京都交響楽団のメンバーにより結成された「ヨゼフ弦楽四重奏団」による豊かな弦楽の調べ、そして寺井一通さんの熱唱。さらに音楽会冒頭には音楽評論家佐藤克明さんが「ベートーベンとフランス革命」と題したお話。ベートーベンはフランス革命、ナポレオンに大きな影響を受けた作曲家で、この時代から音楽も宮廷音楽から劇場音楽へと発展し、音楽は民衆に広く拡がり、曲の内容も楽団の編成も大きく変わっていったことが紹介されました。「ああいった話をまとめてしっかり聞けたのは初めてで、とても面白かった」と、オーケストラの演奏とあわせて、大好評でした。

最後の目玉企画は、ジェームス三木さん初監督作品「善人の条件」の特別試写。

これは、同年五月三日公開予定の同作品を、松竹労働組合を通じて松竹株式会社にお願いし、同社とジェームス三木さんのご厚意により、封切り前の特別試写会として実現させたものでした。

挨拶に立ったジェームス三木さん（第3回）

物語は、ある市長さんが愛人宅で急死。それから始まる金権選挙とその裏舞台にうごめく人びとを痛烈に描いた喜劇です。会場を大きな笑いで包むとともに私たちの社会の現状を突きつけられてほろ苦い気持ちもさせられました。ジェームス三木さんも会場に駆けつけてくださって、ユーモアたっぷりのご挨拶をいただき、大きな拍手に包まれました。

全体として順調にテーマ・企画が決まって、大きな成功を納めることのできた年でした。

**●第四回　一九九〇年——テーマ《私たちの民主主義は今……》**

◆四月二八日（土）午後一時三〇分—午後七時一〇分◆千代田公会堂

◆プログラム——［プレ企画］「君知ってる？　首都炎上——アニメ東京大空襲」（一八分）◇［トーク］「私たちの民主主義は今……」茶本繁正（ジャーナリスト）＋江川紹子（ジャーナリスト）＋木村晋

介（弁護士）◇［トーク&ライブ］「日本人ってどんな顔」小室等（歌手）＋横井久美子（歌手）＋オスマン・サンコン（タレント）◇［映画］「潤《ゆん》の街」（一九八八年日本映画監督協会新人賞受賞作品、監督＝金佑宣《キムウソン》、出演＝姜美帆《カンミボム》、田中実、初井言栄、井川比佐志）〈あいさつ〉金佑宣、姜美帆――〈司会〉前田紘子（フリーアナウンサー）

◆会場ロビー展示――平和ポスター展（提供＝平和博物館を創る会）

▲参加者数　四〇〇名／参加費（当日）二五〇〇円

【一年間の動き】

一九八九・　五・一七　中国、天安門事件。天安門広場に一〇〇万人の民衆が民主化要求、軍が武力制圧

六・　二　竹下首相退陣、宇野首相

六・二四　中国共産党総書記に江沢民《こうたくみん》

七・二三　参議院選挙で与野党逆転、社会党躍進、自民党過半数を割る

八・　九　宇野首相退陣、海部首相

一一・　四　オウム真理教幹部による坂本弁護士一家殺害事件

一一・　九　ベルリンの壁崩壊始まる

一一・二一　「連合」発足、総評解散

一九九〇・一・一八　本島長崎市長、昭和天皇の戦争責任言及で銃撃され重傷
三・一五　ソ連大統領制導入、ゴルバチョフ大統領就任
四・二二　弓削達（フェリス女学院大学学長）宅に右翼が銃弾を撃ち込む

この前年一一月に坂本弁護士一家が何者かに拉致される事件（後にオウム真理教による殺人事件であったことが判明）が起き、九〇年一月には本島長崎市長が狙撃されました。こうした事件は、八七年五月の朝日新聞社襲撃事件以降の日本の状況を象徴的に示しているように思われました。トーク「私たちの民主主義は今……」は、これらの事件を考える中でその背景にある言論の暴力的封殺の危険をはらみだした日本社会の問題状況を考えようとしたものでした。一貫して思想・言論の自由の問題に取り組んできたジャーナリストの茶本繁正さん、オウム真理教の問題を追及してきた江川紹子さん、そしてコーディネーターに坂本事件にも関わってきた弁護士の木村晋介さんという構成で、参加者の会場からの発言も交えて興味深い議論が展開されました。

また、この年はもう一つ、トーク&ライブ「日本人ってどんな顔」を企画しました。第一回のフェスティバルでも歌っていただき大好評だった、フォークソングの小室等さんと横井久美子さんの息のあったトークと歌に、オスマン・サンコンさん（駐日ギニア大使館員として七二年から八〇年まで勤務。八四年に再来日してタレントとして活躍）にも加わっていただきました。参加者は、小室さん、横井さんの歌を楽しみながら、国際社会から見るとちょっと変な日本の社会と

日本人についてのサンコンさんの辛口のコメントから大いに刺激を受けました。

この年は、開会の冒頭、プレ企画として「君知ってる?・首都炎上――アニメ東京大空襲」（一八分）を上映しました。一九四五年三月一〇日の東京大空襲の惨状をアニメでリアルに伝えたものでした。

企画の最後は、映画「潤の街」（一九八八年日本映画監督協会新人賞受賞作品）。一九五二年生まれの金佑宣監督の作品で、大阪の下町に暮らす在日三世の一六歳の女子高生潤（姜美帆）と大学を中退しアルバイト生活を送っている雄司（田中実）の青春を描いたものです。過去の歴史、そして現在在日韓国・朝鮮人の置かれている状況、生活、思いなど、きわめて重たい問題を正面から描きながら、厚い壁を乗り越えようと真摯に生きる若い二人をさわやかに描いた秀作で、これも観客に大きな感動を呼びました。上映後、金監督と主演の姜美帆さん（在日三世の高校生五〇〇〇人の中から金監督が探し出した）が挨拶をされ、大きな拍手に包まれました。

しかし、この年は会場（千代田公会堂）はおおむね五～六分の入り。集客面ではとても成功とはいえない年でした。実行委員会の議論の中でもなかなか企画内容が決まらず大筋まとまってきたのが二月になってからという状態で、準備に苦しんだ難産の年でした。今振り返ってみても、それなりに問題意識を持って取り組んだものの、発想、作りとも、やや前年の企画の焼き直しの感を否めず、かつ、内容も「フェスティバル」にしては、重たいものがかさなって、華やかさ・楽しさの面が薄くなってしまったようにも思えます。反省点の多い年でした。

## ●第五回　一九九一年――テーマ《平和のために私たちは……》

◆五月一八日（土）午後一時三〇分―午後六時五〇分◆ニッショーホール

◆プログラム――［音楽］ザ・グレートハーベスツ（ジャズコーラス、ピアノ寺下誠）◇［講演］浅井基文（日本大学教授）「平和のために私たちは……――日本の責任と市民の役割――」◇［映画］特別試写会「息子」（一九九一年松竹作品、原作＝椎名誠、監督＝山田洋次、出演＝三国連太郎、永瀬正敏、和久井映見）／〈トーク〉「映画『息子』をめぐって」山田洋次＋椎名誠＋木村晋介――〈司会〉前田紘子（フリーアナウンサー）

◆会場ロビー展示――平和ポスター展（提供＝平和博物館を創る会）

▲参加者数　八〇〇名／参加費（当日）二五〇〇円

【一年間の動き】

一九九〇・八・二　イラク軍、クウェートに侵攻

八・三〇　日本政府、多国籍軍に一〇億ドル資金援助

一〇・二　東西両ドイツが統合。国家統一回復

一一・一八　大田昌秀、沖縄県知事に当選、一二年ぶり革新県政
一一・二二　英、サッチャー首相辞任、メージャー首相
一九九一・一・一七　多国籍軍バクダッドなど空爆（湾岸戦争始まる）
一・二四　日本政府、湾岸戦争支援として九〇億ドル追加支出決定
四・二六　ペルシャ湾に海上自衛隊掃海艇六隻を派遣

一九九〇年、九一年は、平和憲法にとって大きな節目を迎えた年でした。九〇年八月二日、イラクはクウェートに武力侵攻し、湾岸戦争が始まり、九一年一月一七日には米軍を中心とする多国籍軍がイラクを空爆しました。日本はアメリカの要請により、この戦争に一兆二〇〇〇億円に上る資金援助をするとともに、戦後初めて自衛隊（海上自衛隊機雷掃海艇）を海外に派遣したのです。

実行委員会では、こうした国際情勢の中で世界の平和のために私たちは何ができるのか、平和憲法をどう活かせるのかを考えたいといった議論がされました。そうしたことを広い国際的視野で解りやすくお話しいただける方をお願いしたい、とすぐにお名前が上がったのが浅井基文さんでした。浅井基文さん（現在、広島市立大学広島平和研究所長）は、外務省アジア局中国課長から東大教養学部教授を経て当時日本大学法学部教授。以前に浅井さんのお話を伺って感激した実行委員の一人からの強い推薦でした。お願いに伺ったところすぐにご快諾をいただき、当日のお話も大変解りやすい、期待通りのものでした。

映画「息子」をめぐって山田監督と原作者の椎名誠さんがトーク（第５回）

ザ・グレートハーベスツの出演もスンナリと決まりました。第二回憲法フェスティバルでお願いをしたピアニスト寺下誠さん（反核ジャズの会メンバー）と、寺下さんを中心としたジャズコーラスグループ「ザ・グレートハーベスツ」にお願いができました。大変乗りの良い楽しいコンサートが繰り広げられました。

この年の憲フェスの目玉は、映画「息子」の封切り前の特別試写会。しかも上映後、木村晋介さんの司会で、監督の山田洋次さんと原作者の椎名誠さんがこの映画「息子」をめぐってトーク、という特別のおまけ付き。

この「上映前の特別試写」は、実行委員会がこの映画の完成を聞きつけ、（第三回の時の「善人の条件」（ジェームス三木監督）の特別試写の大成功に味をしめて）思い切って松竹労組にお願いをして会社と山田洋次さんにお話ししていただいたところ、承諾をいただくことができました。今から考えても本当によくぞ実現できたと感心もし、また松竹労組をはじめ関係者の皆さんに感謝！の企画でした。

映画の上映の頃には多くの参加者の皆さんが会場からあふれ、脂汗を流してお詫びをし、参加券の精算をさせていただくという、大変申し訳ない状況となりました。

この日、原作者の椎名さんは、参加者と一緒に初めてこの映画を観たとのことで、トークの中で、「観ていてつい涙を流してしまった」「あの自分の作品がこんなにすばらしい映画になるとは感激」と語っていました（椎名さんはこの年、自らが監督をした映画「うみ・そら・さんごのいいつたえ」を完成され、翌九二年の第六回憲法フェスティバルでこれを上映しています）。山田監督は木村さんから憲法と映画のつながりを訊ねられて、「もちろん映画を作る時に『憲法』を意識したりはしないが、ただ、現在の社会の中で『幸福』とはどういうことだろうか、ということはいつも考えている」と話しておられたのが、大変印象的でした。

毎年企画に苦労する憲法フェスティバルですが、この年の企画は、実現までにはさまざまな紆余曲折はあったものの、全体としてスッキリと方針が決まり、かつ、たくさんの方々の参加と共感を得ることができました。

## ●第六回　一九九二年――テーマ《「命どう宝」は平和のキーワード》

◆五月一八日（土）午後一時―午後六時五〇分◆日本教育会館ホール

◆プログラム――［プレ企画］記録映画「戦場《いくさば》ぬ童《わらび》」（一九八五年製作、監督＝橘祐典）◇［オープニング］木村晋介（弁護士）（憲法フェスティバルを代表して）「憲法四五周年と私たちのフェスティバル」◇［講演］丸木正臣（和光学園園長）「沖縄の心『命《ぬち》どう宝』は平和のキーワード」◇［音楽］新里愛蔵と山原船《やんばるせん》他「地の声、風の調べ　三線《さんしん》ミニコンサート」◇［トーク］石川文洋（報道写真家）＋中村征夫（水中写真家）＋木村晋介（弁護士）「沖縄、海、そして世界のロマンを語ろう」◇［映画］「うみ・そら・さんごのいいつたえ」（一九九一年ホネフィルム作品、監督＝椎名誠、撮影＝中村征夫、音楽＝高橋幸宏、出演＝余貴美子、本名陽子、中本昌司）／〈映画の見所、製作の楽しい話〉中村征夫＋木村晋介――〈司会〉前田紘子（フリーアナウンサー）

▲参加者数　六〇〇名／参加費（当日）三〇〇〇円

【一年間の動き】

一九九一・　五・一九　長崎県雲仙普賢岳で大火砕流、死者・行方不明四三人
六・一二　ロシア大統領選挙、エリツィン当選
七・　一　ワルシャワ条約機構解体
九・一七　韓国・北朝鮮が国連に同時加盟
一一・　五　海部首相退陣、宮沢首相
一二・三〇　旧ソ連一一共和国、独立国家共同体会議。ソ連解体

一九九二・一・一三　加藤官房長官、従軍慰安婦問題で旧日本軍の関与を認め謝罪
　　　　　二・七　ＥＵ加盟国、統合の基本原則を定めたマーストリヒト条約に調印
　　　　　四・六　ユーゴスラビアのボスニア・ヘルツェゴビナ内戦状態

この年（一九九二年）は、憲法施行四五周年にあたるとともに、沖縄施政権返還二〇周年にもあたっていました。そこで、平和や環境問題などさまざまな角度から沖縄にアプローチしながら憲法や人権について考えるという内容で、憲法フェスティバルを開催することになりました。

折しも、沖縄県内の石垣島では新空港建設問題が熱を帯びていました。実行委員のなかには、「すでに新空港建設を当て込んだ土地投機やリゾート開発が展開されている。新空港ができてジャンボ機が就航すればサンゴ礁などの自然が破壊される」として新空港建設計画の白紙撤回を求める運動に加わっているメンバーもおり、自然保護の立場から憲法フェスティバルに参加していました。その関係で、四月上旬にはプレ企画（今でいえば憲法よもやま講座）として三泊四日の石垣島・白保ツアーが取り組まれました。

ところで、「沖縄」というテーマと方向性は固まったものの、具体的な出演者や企画内容はなかなか決まりません。出演者としていろいろな人の名前が上がり、実際に出演のお願いもしたのですが、日程の都合や諸々の事情で引き受けてもらえません。オープニングで木村晋介弁護士が「憲法施行四五周年」ということで憲法についてのまとまった話をすることは早くに決まったも

のの、三月上旬になってもそれ以外の企画は具体化しませんでした。

結果としては、「プログラム」のように出演者・内容が決まりました。これについては、木村晋介弁護士の力添えによるところが大でした。たとえば、映画「うみ・そら・さんごのいいつたえ」は海と空、そして雄大な珊瑚礁に囲まれた石垣島を舞台に描いた人間ドラマですが、その上映の時、この映画をつくった当の椎名誠さんが突然会場に現れ、木村弁護士とおしゃべりをするというハプニングを〝演出〟。また、この映画を撮影した中村征夫さん（水中写真家）とベトナム戦争の報道で有名な石川文洋さん（報道写真家）はともに第一線で活躍する写真家ですが、その二人の初顔合わせが憲法フェスティバルの舞台で実現したのも、木村弁護士のはからいです。ついでですが、中村征夫さんは水中写真の世界では神様のように有名で、ダイビングの専門誌に憲法フェスティバルの案内記事を載せてもらったところ、その読者から電話での申し込みが殺到するという事態もありました。

講演を引き受けていただいた丸木政臣さんは、著名な教育者（和光学園園長）。第二次世界大戦末期、陸軍見習士官として勤務し、沖縄戦で戦友を失った体験から長年沖縄にこだわり続け、平和教育の原点を沖縄と定めて小学生とともに現地学習を重ねてこられました。そうした体験・経験をバックグラウンドに、丸木さんは沖縄の心「命《ぬち》どう宝」（命こそ宝）を熱く語り、平和のために何ができるかを問いかけました。

三線（沖縄独特の楽器）の新里愛蔵さんは、ＪＲ中野駅近くで三線の教室を兼ねた沖縄民謡酒場「山原船《やんばるせん》」を営む好人物。打合せと称して、実行委員は何度もこの店に通いました。憲法フェスティバルのミニコンサートでは、三線による沖縄民謡とにぎやかな民衆舞踊エイサーが沖縄の音色と熱気を会場いっぱいに伝えてくれました。

なお、この憲法フェスティバルでは、開催当日、本番前のプレ企画として記録映画「戦場《いくさば》ぬ童《わらび》」を上映しました。この映画は「沖縄戦一フィート運動」を通して集められた映像資料をもとに、現代沖縄の姿をあらたに撮影し、沖縄戦四〇周年記念として一九八五年に製作されたものです。

## ●第七回　一九九三年

◆五月二九日（土）午後一時三〇分―午後七時◆九段会館

◆プログラム――［講演］本多勝一（ジャーナリスト）「いま　この国はどうなっている？」◇［質問とお話］森英樹（名古屋大学教授、憲法学）＋きたがわてつ（シンガーソングライター）＋大石聡子（学生）「憲法のわかる六〇分――平和のこと、人権のこと」◇［音楽］きたがわてつ＋洪栄龍（ギタリスト）「みんなで参加　ヒューマンライブ　きたがわてつコンサート」◇［クイズ］「憲法おもしろまじめクイズ」〈司会〉木村晋介◇［映画］「四万十川」（一九九〇年製作・九一年キネマ旬報ベストテン作品、監督＝恩地日出夫、出演＝樋口可南子、小林薫、佐野史郎、山田哲平、菅井きん、

高橋かおり）／〈上映前のごあいさつ〉恩地監督――〈司会〉前田紘子（フリーアナウンサー）

▲参加者数　八〇〇名／参加費（当日）三〇〇〇円

【一年間の動き】

一九九二・六・一五　自公民強行採決でＰＫＯ法成立
　　　　七・六　政府、従軍慰安婦募集・管理への旧日本軍の関与を公式に認める
　　　　九・一七　カンボジアＰＫＯ部隊の自衛隊第一陣出発
　　　一〇・二三　天皇夫妻、初の中国訪問
　　　一一・三　米大統領選挙で民主党クリントン当選
　　　一二・一八　金泳三《キムヨンサン》、韓国金大統領に当選。三二年ぶりの文民大統領
一九九三・一・一　ＥＣ一二カ国、単一市場発足
　　　　二・二二　国連安保理、旧ユーゴ内戦の戦争犯罪・人権侵害を裁く国際法廷設置決議
　　　　　　　　国連による初の設置
　　　　三・二七　中国国家主席に江沢民就任

講演を引き受けていただいた本多勝一さんは、以前からお願いしたい方として名前が挙がっていましたが、この年やっと実現しました。本多さんは、時にはユーモアも交えつつ、日本の現状が、

三権分立どころか、自民党の長期政権下で行政と立法は一体化、司法は追随という体制で、ＰＫＯ法や海外派兵が強行されていること、第四の権力として機能すべきマスコミが頼りにならないこと等、問題点をシャープに浮き彫りにして、期待通りの講演でした。

「憲法のわかる六〇分――平和のこと、人権のこと」は、歌手のきたがわてつさんと、大学生の大石聡子さんの二人の質問に森英樹さんがわかりやすく答えるという企画でした。憲法学者の森英樹さんは当時名古屋大学教授。憲法、人権、平和、国際貢献などを大変分かりやすく、面白く、かつきちんとお話をされる方で、高校生向けにも『主権者は君だ――憲法のわかる50話』（岩波ジュニア新書）といった本も書かれていて、是非にとお願いして名古屋からおいでいただきました。お話の中では、当時のカンボジアＰＫＯに絡み、国際貢献の名目で改憲が叫ばれている危険や、政財官の癒着は変わらず、腐敗の張本人たちによって、解決方法と称して小選挙区制が推進されていることとの問題などを、九条や三権分立の原則といった憲法との関係でわかりやすく分析され、会場の人びとは時に爆笑しながら楽しく学ぶことができました。

きたがわてつさんも、以前から名前の挙がっていた方の一人です。日本国憲法前文をそのまま歌にしてしまったてつさんが、その歌をライブで！　しかも、フェスティバル初の参加型コンサートでした。「フェスティバルシンガーズ」として、大人・学生・子どもたちが約三〇名集まり、練習を重ね、舞台で一緒に「日本国憲法前文の歌」から「ヒロシマの有る国で」「ケサラ」を力一杯歌いました。てつさんのソロも本当に力強い歌声で、迫力満点のライブでした。

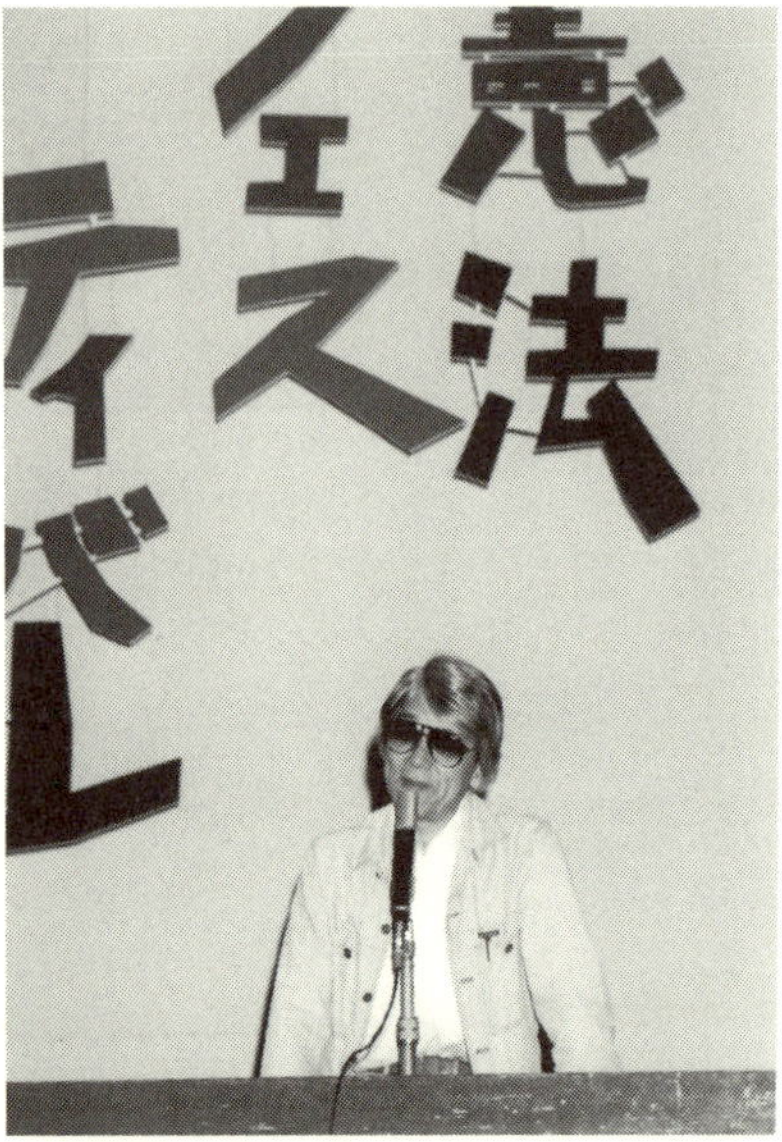

本多勝一さん（第７回）

きたがわてつさんとフェスティバルシンガーズ（第７回）

「憲法のわかる 60 分」。森さんを囲んで大石さんときたがわさん（第 7 回）

「憲法おもしろまじめクイズ」を出題する木村普介さん（第7回）

木村弁護士による「憲法おもしろまじめクイズ」はなかなか高度で、最後まで残って賞品をゲットしたのは会場約八〇〇名のうち、八名のみ。賞品（たしか出演者の本）はもっと用意していたような……。

締めくくりは映画「四万十川」。昭和三〇年代の貧しい高知の山奥の村が舞台でした。冒頭、恩知日出夫監督にご挨拶をいただきました。監督は、数年前にもテレビで、この映画について、「モノがない貧しい時代は『今日よりも明日は必ずよくなる』という希望があった」「モノが豊かになった今は人より豊かになる競争が先にたって、貧しい時代にあった『助け合い』のようないい部分がなくなってしまった」等と語っていましたが、本当に心にしみる映画でした。

## ●第八回　一九九四年

◆五月二八日（土）午後一時三〇分―午後六時◆九段会館

◆プログラム――［音楽］ヤドランカ・ストヤコビッチ（シンガーソングライター）＋横井久美子（シンガーソングライター）「サラエボよ、明日は……――祖国と平和を歌う――」◇［講演］森英樹（名古屋大学教授、憲法学）「どうなる！どうする！このニッポン」◇［映画］「ベトナムのダーちゃん」（一九九三年製作、原作＝早乙女勝元、監督＝後藤俊夫、出演＝古谷一行、ミン・ハン）――〈司会〉

横井久美子
▲参加者数　六〇〇名／参加費（当日）二五〇〇円

【一年間の動き】

一九九三・六・一八　内閣不信任案可決、衆院解散
　　　　　七・一八　総選挙、自民党過半数割れ、保守三党（新生党、日本新党）躍進、社会党惨敗
　　　　　八・　四　政府、従軍慰安婦の「強制連行」を認める調査結果を発表。河野官房長官謝罪談話
　　　　　八・　九　細川・非自民六党連立内閣。自民党野に下る
　　　　一〇・二〇　東京高裁、教科書「南京大虐殺」等三カ所への検定意見を違法と判決
　　　　一二・　二　中西防衛庁長官、憲法見直し発言で辞任
一九九四・一・二九　小選挙区制法成立
　　　　　四・二八　細川首相退陣、羽田首相
　　　　　五・　七　永野法相、「南京事件はでっち上げ」発言で辞任

一九九四年は、日本の歴史の大きな曲がり角でした。なんといっても見過ごせないのは、小選

挙区制が通ってしまったこと。政界の金権腐敗にメスを入れるのが目的だったはずの「政治改革」は、大山鳴動したあげく、結果は小選挙区制の誕生でした。その導入を強行した首相は自らの金銭疑惑であっけなく辞任。それに続く政界再編騒動の先には、憲法を「改正」しようとする動きが見えてきました。湾岸戦争（九〇〜九一年）支援の是非やあり方をめぐって、「国際貢献」論が浮上。これによって軍事力を正当化しようとする主張も出てきました。

いったいこの国はどこに行こうとしているのか？　主権者である私たちは何をどう考えればよいのか？

そんな問題意識から、第八回憲法フェスティバルでは前年（第七回）に引続いて、憲法学者の森英樹さんが「どうなる！どうする！このニッポン」と題して話しました。

こう書くと何となくスマートですが、実は本番の企画について議論百出でまとまらず、ギリギリになって森さんに泣きついたというのが真相。

それはともかく、森さんの話は政治改革から北朝鮮の核問題にわたり、ユーモアを交えた大変わかりやすいもの。たとえば、政治改革を唱えながら、首相自らの金銭疑惑で崩壊した細川政権やその後も旧態依然の金権腐敗体質について、『方丈記』をもじって「細川の流れは絶えてしまったが、元の水のまま」とやると、どっと笑い。北朝鮮の核問題については、「被爆国日本にとっては無関心ではいられない」としながらも、一方的に核関連施設の開示を迫る米国には「おれはパンツを脱がないが、お前は脱げ」と迫るに等しいと批判。「時代が混迷しているからこそ、時流に流されることなく、憲法のこころに耳をすまし、混迷を抜け出る道をともにじっくりとさぐろう」と訴えました。

さて、歌のゲストは横井久美子さんとヤドランカさん。

横井久美子さんは第一回憲法フェスティバル以来おなじみのミュージシャン。横井さんは第一回憲法フェスティバルの翌日、凶弾にたおれた朝日新聞阪神支局小尻記者の事件に触れ、世の中で起きている不正義に目を向けていきたいと語り、美しい歌声を披露しました。また、歌ばかりでなく、全体の司会も担当しました。

もう一人のゲスト、ヤドランカさんは戦火のさなかにあるサラエボ（旧ユーゴ）出身の国民的シンガーソングライター（サラエボオリンピックの公式テーマ曲を作曲）。セルビア人の父とクロアチア人の母を持つ彼女にとって、祖国の分断と民族間の紛争は身を引き裂かれる思いでした。しかし、「サラエボに生まれたのではなく、地球に生まれたのだと考えなさい」という母の教えもあり、ヤドランカさんはコスモポリタン。音楽を通じて観客と同じ時を共有したいと、豊かで深みのある歌声を聴かせてくれました。

最後に、映画「ベトナムのダーちゃん」を上映。ベトナム戦争の最中、村ごと米軍の焼討ちにあい、目の前で母親を失った少女が妹との再会を信じて戦火の中をけなげに生き抜いた物語。「みんなに見せたい映画。特に若者にぜひ広めたい」などの感想が寄せられました。

この年は実行委員会の中がバタバタしてまとまらず、企画の立案・決定が遅れに遅れました。

普及の面でもチケット・チラシが完成したのは連休直前の四月下旬で、他の団体から「今年は憲フェスやらないの？」という問合わせを受ける始末でした。

ただ、この年の本番直後（七月）から継続的学習会（後の「憲法よもやま講座」）の取り組みが始まったのはヒットでした。

**●第九回　一九九五年――テーマ《戦後五〇年　今、平和を考える》**

◆五月一三日（土）午後一時三〇分―午後六時◆九段会館

◆プログラム――［パネルディスカッション］「徹底討論　改憲派ｖｓ護憲派」〈改憲派〉小林節（慶応大学教授）＋中野邦観（読売新聞）＋鈴木邦男（一水会代表）／〈護憲派〉常岡（乗本）せつ子（フェリス女学院大学教授）＋大谷昭宏（ジャーナリスト）＋姜尚中《カンサンジュン》（東京大学教授）／〈司会〉右崎正博（都留文科大学教授）／〈現場からの声〉林達雄（日本国際ボランティアセンター）◇［音楽］ランキン・タクシー（レゲエＤＪ）◇［コント］ザ・ニュースペーパー――〈総合司会〉辻元清美（ピースボート共同代表）

▲参加者数　五〇〇名／参加費（当日）二三〇〇円

【一年間の動き】

一九九四・六・一〇　中国核実験

六・一三　北朝鮮、国際原子力機関脱退を表明、核査察拒否

六・二七　松本サリン事件、オウム真理教による毒ガス散布で七人死亡

六・三〇　羽田首相退陣、村山首相（自・社・さきがけ連合政権）

七・八　北朝鮮、金日成《キムイルソン》国家主席死亡

八・一二　桜井環境庁長官、「侵略戦争」発言で辞任

一九九五・一・一七　阪神淡路大震災、死者六四三七人

三・二〇　地下鉄サリン事件、一一人死亡、五五〇〇人重軽傷

四・九　東京都知事選青島幸男、大阪府知事選横山ノック当選

さて、一九九五年も、日本にとって、そして憲法にとっても、一つの曲がり角の年だったと思います。一月に阪神淡路大震災、三月には地下鉄サリン事件。時代の空気は安心・安定から不安へ、と一挙に包まれつつありました。

そんな状況の中で迎えた五月の憲法フェスティバル。「今までとは違う斬新なものを！」という意気込みで、当時としては冒険ともいえる「改憲派ｖｓ護憲派」のディベートを中心にすえました。改憲派として慶応大学の小林節さん、読売新聞の中野邦観さん、一水会の鈴木邦男さ

司会の辻元清美さんと右崎正博さん（第９回）

徹底討論　改憲派 vs 護憲派（第９回）

コントを演じるザ・ニュースペーパー（第9回）

レゲエDJのランキン・タクシー（第9回）

ん、そして、護憲派として、フェリス女学院大学の常岡せつ子さん、ジャーナリストの大谷昭宏さん、そして、姜尚中さん（なんと、辛淑玉さんの代わりでした！）という豪華メンバー。司会もまだ議員ではなかった辻元清美さん、都留文科大学の右崎正博さんという内容。さらに、当時、人気急上昇中のザ・ニュースペーパーのコント、そして、レゲエＤＪのランキン・タクシーという、進みすぎた（？）企画でした。

今思えば、まだまだ、改憲も九条議論も差し迫った現実感は強くなく、会場発言として木村晋介弁護士から「日本人は憲法九条も必要、自衛隊も必要という感覚だ」という趣旨の発言もありました。よい意味でも、悪い意味でも、今の憲法議論の状況を先取りしていた企画だったと思います。

当時は、まだ改憲議論など一部、読売新聞などから、という状況でしたが、どこか、向かい合って議論するまでもない、という雰囲気があり、民主主義！と言いながら、きちんとした議論がされていない。それなら、「朝まで生テレビ」みたいにやっちゃおう！ということで考えた企画でした。

加えて、ザ・ニュースペーパーの切れ味のいい、社会風刺の効いたコントと、ちょっと斬新すぎて、いわゆるすべったランキン・タクシー。かなり、市民運動に新しいセンスを！と意気込んで頑張った覚えがあります。

まだ社会党も元気で（失礼！）、改憲も声高ではなく、その後、今日までに成立してしまった数々の法律――周辺事態法、盗聴法、国旗国歌法、有事立法、改悪教育基本法等々――を考えると、この第九回以降の一〇年の流れは、かなり厳しい情勢の変化だったと思います。通信手段も、パソコン、インターネット、携帯電話の急速な普及などで大きく変化していき、人が集まるという集会方式の憲法フェスティバルのあり方が改めて問われた一〇年だったのではないでしょうか。

## ●第一〇回　一九九六年――テーマ《地方から見直す憲法》

◆五月二五日（土）午後一時三〇分―午後六時◆九段会館

◆プログラム――〔音楽〕梅原司平（シンガーソングライター）ライブ「明日へ」◇〔ショートトーク〕灰谷健次郎（児童文学者）「自然・教育・地域社会」◇〔パネルディスカッション〕「地方から見直す憲法」灰谷健次郎＋富野暉一郎（元逗子市長・鳥取大学教授）＋宮里千里（那覇市平和と国際交流室長）＋〈司会〉櫛渕万里（ピースボート）◇〔映画〕「ティンクティンク」（一九九四年製作、原案・監督・音楽＝照屋林賢、出演＝りんけんバンド、伊波正和、東文子）

▲参加者数　七五〇名／参加費（当日）二三〇〇円

【一年間の動き】

一九九五・　五・一六　オウム真理教麻原ら逮捕
　　　　　　五・一九　地方分権推進法公布
　　　　　　八・二九　閣議、中東・ゴラン高原に自衛隊の派遣決定
　　　　　　九・　三　日教組大会、日の丸・君が代などで大幅な路線転換
　　　　　　九・　四　沖縄で米海兵隊員三人が女子小学生を暴行
　　　　　　九・二一　少女暴行事件抗議の沖縄県民大会、八万五千人結集
　　　　　一二・　八　村山首相、沖縄反戦地主の代理署名拒否の県知事を提訴
一九九六・　一・一一　村山首相退陣、橋本首相
　　　　　　二・一六　菅厚相、薬害エイズ問題で血友病患者に直接謝罪
　　　　　　四・一七　橋本・クリントン会談、「広域化」の日米安保共同宣言（安保再定義）

一九九五年九月四日、沖縄駐留米海兵隊員三人が女子小学生に暴行。大きな怒りが広がり、九月二一日、最多の八万五千人の沖縄県民大抗議集会。私たちも放ってはおけない、沖縄を支援しなければ……。この抗議集会を契機に沖縄問題は大きなうねりとなって全国に広がりました。さらに、反戦地主の土地を軍事基地として強制収用するために、国が知事に代理署名させようとする問題がありました。時あたかも九五年五月に地方分権推進法が成立していて、国民は地方自治のあり方を問われることとなりました。

こうしたことから、地方自治体も、在日米軍の横暴の根っこにある日米安保条約・地位協定の問題を国にまかせておくのではなく、地方自治の立場からとらえ返して、住民の生命と安全をはからねばならないのではないか、生活実感に基づいて民主主義を動かし、国政にもの申す必要があるのではないか、というのが基本的問題意識となり、テーマを「地方から見直す憲法」として、パネルディスカッションを企画の中心に据えてプログラムを組むことにしました。

パネラーは、沖縄県から宮里千里さん、日米安保条約・地位協定から派生する問題についても住民の目線から、市民と一体となって取り組み、グローカリズム（＝グローバリズム＋ローカリズム）という発想で実績をあげられた元逗子市長富野暉一郎さん、そして渡嘉敷島に住む作家の灰谷健次郎さん。

パネルディスカッションに入る前に、まず灰谷さんがショートトークで「沖縄のひとびとは、自然の恵みを独り占めせず、共同体として生きる。自然の回復力を失わせるような破壊や汚染をしない。沖縄の人は穏やかに暮らし、憲法の心を活かしているが、行政・国・官僚はこの肝心のことを理解しない」と語りました。

シンポジウムでは、宮里千里さんが、「昨年九・二一県民総決起集会では、那覇市長も一緒にビラ撒きをした。九万人の大集会の成功は、市民、県民あげての熱意の成果だ」「沖縄問題が浮上するときは、日本が異常なときでもある。沖縄を含めた全ての地域で、行政、市民・県民がしっかりかみ合った努力を続けて実らせようではないか」と訴え、灰谷さんは「本土は巧妙に沖縄を

パネルディスカッション司会の櫛渕万里さん（第10回）

左から、灰谷健次郎さん、富野暉一郎さん（第10回）

オープニングの梅原司平さん（第10回）

犠牲にしている」「本土の鈍感さは憲法への思いの薄さにつながっているようだ」と語りました。

また、富野暉一郎さんは、「逗子市には米弾薬庫があって朝鮮戦争やベトナム戦争時には実際に使われていたが、安保賛成七〇％という保守の町だった。その米弾薬庫跡を米軍住宅地にする計画が出て、市域の一五％にわたる森を壊され、地域のアイデンティティ、逗子の原風景がなくなるということで住民が立ちあがった。市民やわたしにとって、町の破壊に対してはダメという権利、国に対してものいう権利があるという信念あってのことだった」「今の分権論は国と地方という官官分権だ。国であれ地方であれ、官・官民共同・民と分離すべきだ」と発言。

それぞれのパネラーが熱く語り、さらには行政と市民とのパートナーシップのありようなど、論議は尽きませんでした。

このパネルディスカッションに先立ってのオープニングは、梅原司平さんの歌とお話のライブ。「九五年九月の少女暴行事件以来、次のアルバムのテーマは沖縄と心に決めていて、一二月、一月、三月とあらためて沖縄を訪れて思いを深くし、できた曲です」と、この日が発売日の新曲「命《ぬち》どう宝」その他を熱唱して大きな拍手を受けました。

締めくくりは、映画「ティンクティンク」。海や嵐や樹木の表情・鳥のたたずまい・人びとの生活などが融けあった「沖縄」の表情を、三線のリズムとともに、丹念に描き出しています。陽気で人と人とのかかわり合いが濃く、肩ひじ張らず自然のなかの構成員として生きている人びとの暮らしや、三線のリズムにのってそれに応える聴衆のエネルギーが画面にあふれる音楽作品でした。

この映画には米軍基地が出てきません。半世紀にわたる米軍基地の占拠は、見方を変えれば沖縄の長い歴史の流れのほんのいっときでしかありません。だからこそ、生物が異物の体内侵入をどこかで排除してしまうように、「基地をいつか撤去させ、あるべき姿に戻す」という未来に懸けた強烈なメッセージが、基地を写さぬことによって、誇らかにうたわれているのです。

## ●第一一回　一九九七年——《憲法施行五〇周年記念》

◆五月三日（土）午後五時—午後八時三〇分◆イイノホール
◆プログラム——◇［講演］ジェームス三木（脚本家）「私の憲法」◇［コント］ザ・ニュースペーパー「憲法施行五〇周年の夜」（脚本＝水島朝穂＋ザ・ニュースペーパー＋憲法フェスティバル実行委員会）
▲参加者数　一〇〇〇名／参加費（当日）三〇〇〇円

【一年間の動き】

一九九六・七・一一　公安調査庁、公安審査委員会に破防法適用によるオウム真理教解散を請求
八・四　新潟県巻町で原発建設計画を問う住民投票（全国初）、反対多数により計

画白紙へ

一〇・二〇　第四一回総選挙（初の小選挙区比例代表並立制）

一二・一七　ペルー日本大使館で天皇誕生日パーティーにゲリラ襲撃

一二・二四　敦賀原発二号機で冷却水漏事故。事故隠し発覚

一九九七・三・三〇　三井三池鉱山閉山

四・一　最高裁、愛媛玉串料訴訟で靖国神社への公費支出を違憲と判決

四・一　消費税五％

五・一　英総選挙で労働党大勝、首相にブレア

この年は、憲法施行五〇周年目にあたり、五月三日の憲法記念日に行いました。ずっと憲法フェスティバルを応援して下さっている、ジェームス三木さんの軽妙かつ深い講演につづき、ザ・ニュースペーパーの書き下ろしコント「憲法施行五〇周年の夜」がメインイベントでした。

これは、早稲田大学教授の水島朝穂さんが中心となって脚本のアイデア作りから実行委員会も関与して作り上げられた、憲法フェスティバルの「傑作」の一つ。この中から、松元ヒロさんがその後も演じ続けている「憲法くん」というキャラも生まれました。

内容は、第一幕「基地はどこへいく――基地と住民投票」、第二幕「ある日の＊＊小隊――憲法九条と自衛隊」、第三幕「歴代首相の証人喚問――租税法律主義と消費税」、第四幕「大蔵省主

税局の夜――エリート官僚の民主主義観」、第五幕「援助交際の夜――『淫行条例』と憲法一三条」、第六幕「高齢化社会の夜――最低限の健康な生活とは」、第七幕「教頭先生の苦悩――日の丸と思想信条の自由」、第八幕「盗聴の夜――組織的犯罪対策法と通信の秘密」、第九幕「代用監獄の夜――刑事手続と人権」、第一〇幕「さる高貴なご一家――憲法施行五〇周年記者会見」、第一一幕「憲法くんの独白――憲法前文のこころ」と、タイトルだけ見ても、現時点でも重要な憲法上の論点を多く拾い出し、それを笑いで伝えるという斬新な企画でした。

とりわけ、「憲法くんの独白」が圧巻でした。「今日は私の五〇歳の誕生日です。――この間、新聞を読みましたら、私をもう取り替えた方がいいじゃないか、という意見の方が、取り替えなくていいという意見を上回ったそうです。でも、そういう前に、私自身をよく知っているのかなあ。もう一回、私をちゃんと見て下さいというふうにいいたいんですよね。実際にみなさんは私をもういらないというまで、使いましたかね？　私が言っていること、まだまだ実現していないような気がするんですよ。初心を思い出して欲しいんですよ」と言って、前文を暗唱する「憲法くん」。大入り満員の会場は感動に包まれました。

法学館塾長の伊藤真さんも、役者のひとりとして舞台に立ち、ザ・ニュースペーパーの面々と丁々発止のやりとりをして、喝采をあびました。

翌日、朝日新聞には、写真入りで大きく取りあげられ、また毎日新聞には、「憲法の精神が揺らいでいる現実を皮肉を交えて演じ、客席は大きな笑いで沸いた」と報じられました。

# 戦後の荒波にもまれ50年

# 憲法を語る

戦後、半世紀。荒波にもまれながらも、憲法は三日、五十歳を迎えた。この日、「憲法のいま」を語るさまざまな声が、全国各地で聞かれた。

## 戦争放棄は基本形

### 「私の前歯と同様個性ある」　井上ひさし氏

「憲法は私の前歯と同じ」。作家の井上ひさしさんは、憲法学者らでつくる「全国憲法研究会」が東京・新宿の早稲田大学で開いた講演会で、約七百五十人の聴衆を前にこう切り出した。

「子どものころから出っ歯が悩みの種だった。最近、前歯が痛んだのを機に、『全部抜いて、普通の人のようにして』と歯医者さんに頼んだら、あっさり断られた。『歯に劣等感があるからこそ、あなたの作品にはやさしさや目線の低さという味がある。それを抜いたら、あなたの顔の基本の形が変わり、作品の良さも壊れてしまう』と言われた」

「憲法も同じ。戦争放棄や人権保障は、この国の個性であり特徴でもある。それを『マッカーサー元帥の歯だから抜いてしまえ』などと言って変えてしまえば、この国の基本のかたちが壊れてしまう」

### 理念を空気に

名古屋市での「市民のつどい」で講演した作家の小田実氏は、阪神大震災の被災体験をもとに「三重県久居市の給水車は、巨大なタンクを二人の職員が運んできた。自衛隊の給水車は、小さなタンクに三十人の隊員つき。救助用とは思えなかった」と語り、「自衛隊が憲法九条の棚上げなのと同じく、沖縄の特措法も憲法の棚上げ。問題解決を力ずくではしないという憲法の理念を、もっと社会の『空気』としてみなぎらせなければだめだ」と訴えた。

### 談合体質で生かされない

「憲法は生かされていない」との苦言も聞かれた。

「憲法擁護・平和・人権フォーラム」が東京都千代田区の日比谷公会堂で開いた「憲法50年のつどい」では、人材育成コンサルタントの辛淑玉さんが「憲法は非常に優れている。しかし、日本は談合体質で、特に男性に議論する力や表現力がないため、全く活用されていない。改憲を言う人には『あなたたちは憲法よりすぐれているのか』と問いたい」と発言。固定した考え方を持つ男性ばかりが集まったために起きた例として、住宅金融専門会社（住専）の問題やゼネコン汚職などを挙げ、「沈黙は金」という文化から脱却して、個人の意見を言うことの大切さを強調した。

## 国民も変わった

### 「民族的個性や規範ない」　中曽根元首相

一方、改憲派議員や団体による「新しい時代にふさわしい憲法をつくる国民大会」の集会は東京・千代田区公会堂で行われた。七百人が参加し、憲法学者による憲法改正試案の発表などがあった。

講演した中曽根康弘元首相は「現憲法は、われわれが祖先から引き継いだ規範性や民族的個性、味が含まれておらず、無国籍だ」と批判した。さらに、朝日新聞の世論調査で、憲法改正について「必要」との回答が四六%と、「不必要」の三九%を上回ったことに触れ「大変うれしい数字だ。国民も変わった」と述べた。

### 自衛権は元々自然法に立脚

元外交官で評論家の岡崎久彦氏は、東京都千代田区平河町の砂防会館で「日本を守る国民会議」が開いた講演会で「そもそも日本の外壁は外交と防衛が守る」としたうえで、「自衛隊は、自衛権というもともとある権利に基づくもので、自然法に立脚しており憲法には関係ない。憲法を改正すれば一番すっきりするが、しなくても日米同盟さえしっかりしていれば、日本の外壁はあと半世紀はだいじょうぶ」と訴えた。

## コント憲法くん「いらない、というほど私を使った?」

憲法を題材にとったコントを演じる「ザ・ニュースペーパー」＝3日夜、東京都千代田区のイイノホールで

東京都千代田区のイイノホールで開かれた「憲法フェスティバル」では、「憲法五十年目の『夜』」と題して、ザ・ニュースペーパーの面々がコントを演じた。

「うんちはしないがホラはふく」たまごっちの新種「政治家っち」を育てるハシモト首相が、クリントン大統領から「東京のど真ん中に基地が欲しい」「沖縄でもOKだったんだから、法律をちょっと変えちゃえば大丈夫」と迫られる場面など十一の場面を演じた後、「きょう五十歳の誕生日を迎えた憲法くん」が登場。「私をもう取りかえた方がいい、という人がいるが、みなさん私を『いらない』と言うほど使いましたか」と憲法前文を読み上げた。

## 各地で催し

東京・新宿、渋谷両駅前では「私の憲法五十周年宣言」と題し、護憲派の国会議員や市民団体代表らが「街頭リレートーク」を開いた。計三十人が「平和憲法は今も世界に通用する」などと呼びかけた。新宿駅前では「市民投票」も実施。通行人六十人が参加し、憲法九条改定に「賛成」六人、「反対」五十四人。日米安保条約は「賛成」九人、「反対」四十三人だった。

◇

岐阜県大垣市では、市民グループが「教科書は真実を語るか」と題した集会を開き、韓国から招かれた元従軍慰安婦のキム・ユンシンさん（70）が証言。「十四歳のときに車で連れ去られ、ハルビンで一年間、日本の軍人の相手をさせられた。日本人が団結して、日本政府に責任を負うよう働きかけてほしい」と訴えた。

◇

大阪市中央区北浜東のエルシアターで開かれた「おおさか憲法まつり'97」（同実行委主催）では、お年寄りの介護問題を扱った創作劇「おばあちゃん、イエー」が披露された。劇では、役所にヘルパー派遣を要請するが「人手が足りない」と断られる場面などを熱演。憲法の理念とは遠い福祉の現状を訴えた。

コント「憲法施行五〇周年の夜」を写真入りで紹介。朝日新聞、1997 年 5 月 4 日付このコントは、実行委員会と水島さん、そしてニュースペーパーの皆さんが一緒に議論し、作り上げたものです。「憲法と法律ってのはどこが違うんですか?」といった素朴な疑問からスタートしました。産みの苦しみはありましたが、実行委員も参加して、プロと一緒にオリジナルを作り上げた、まさに手づくりの民主的な企画。そして、中身は笑い。まさに、もっとも憲法フェスティバルのコンセプトに合致した企画が生まれたと思います。

憲法くんの「私（憲法）をよく知ってください。使ってください」というメッセージは、憲法フェスティバルのメッセージでもあり、その後、憲法運動の精神として今も生きています。

## ●第一二回　一九九八年——テーマ《アジアの中の日本国憲法》

◆五月二三日（土）午後三時—午後七時◆九段会館

◆プログラム——［講演］永六輔（放送作家、作詞家、司会者、語り手）◇［音楽］東京中国歌舞団（陽二蓮《ヤンアーレン》、劉錦程《リュウチンツエン》、曾雪晶《ツアオシェーチン》）◇［トーク］永六輔＋朴慶南《パクキョンナム》（エッセイスト）＋マルセ太郎（ボードビリアン）◇［スクリーンのない映画館］「泥の河」マルセ太郎

▲参加者数　八〇〇名／参加費（当日）三〇〇〇円

【一年間の動き】
一九九七・七・一　香港、英国から中国に返還
　　　　八・二九　最高裁、第三次家永教科書訴訟で検定制度は合憲、四ヶ所の記述削除は違憲と判決（家永教科書裁判終結）
　　九・二三　日米「防衛協力のための指針」（新ガイドライン）合意
　一一・一七　北海道拓殖銀行が破綻
　一一・二四　山一証券が破綻
　一二・一　地球温暖化防止京都会議。一二・一一　京都議定書採択
　一二・一八　韓国大統領選、野党国民会議の金大中《キムデジュン》が当選
　この年、GDP、前年比〇・七％減。二三年ぶりのマイナス成長
一九九八・五・五　インドネシアで暴動。五・二一　スハルト大統領辞任

私たちは、憲法の集まりでも、参加した人たちから「楽しめました」「今度は友だちを誘って来ます」というような感想をもらえるような企画をめざしているのですが、この年はとりわけイベント性の高い内容となった年でした。

オープニングは、東京中国歌舞団の陽二蓮さん（歌）、劉錦程さん（揚琴）、曾雪晶さん（二胡）。劉さんと曹さんのすばらしい演奏をバックに、陽さんの澄んだ歌声の中国歌曲が参加者を魅了し

（右）陽二蓮さん（歌）と揚琴の劉錦程さん（第12回）
（左）二胡を演奏する曾雪晶さん（第12回）

ました。

　永六輔さんは以前からお願いしたいと名前が挙がっていましたが、この年は幸運にも日程も合って憲法フェスティバル初めての出演となりました。いかにも永さんらしい、軽妙で、しかし鋭い指摘を含むお話で会場を大爆笑で包みながら、自衛隊などという軍隊を絶対に持つことができないように憲法九条をもっとはっきりした文章に「改憲」しようといったお話のほか、平和、そして憲法への熱い思いが語られ、「憲法について自分の言葉で自分の感性で語る永さんのお話は大変考えさせられるものでした」と大好評でした。

　続いて朴慶南さん、マルセ太郎さんも登場し、永六輔さんとトーク。この中で、朴慶南さんが話された、関東大震災当時、神奈川県鶴見の警察署長だった大川常吉という人の話が印象的でした。

——「朝鮮人が暴動を企てている」「朝鮮人が

井戸に毒を投げ入れた」などのデマが乱れ飛び、軍隊、警察、自警団、民衆までもが竹槍、木刀、鳶口などを使って朝鮮人を襲い多数を殺害。こうした日本人暴徒から逃れて、警察に駆け込んだ約三〇〇人の朝鮮人を大川常吉署長は命をかけて守った。日本人暴徒一〇〇〇人を前にして、大川署長は「井戸に毒が入っているというなら、その水を自分が飲むから持ってこい。それで自分が死んだら、朝鮮人を連れてゆけ」と立ちはだかって収めた――。

慶南さんは、このような立派な日本人がいたと語ってくれるのですが、しかし、私たちは、軍隊だけではない、日本の「庶民」もまた、他のアジアの人びとに対する加害者として立ち現れたことを決して忘れてはならないのでしょう。

この年の締めくくりは、マルセ太郎さんの「スクリーンのない映画館『泥の河』」。原作宮本輝、監督小栗康平、上映時間二時間のこの映画を二時間かけて演じる、マルセさんならではの映画再現芸です。「本当に心打たれました。人間には心の奥底に優しさがあるんだと信じられるようなしみじみした気持ちを与えられました」「私は、『泥の河』を見て本当によかったと思います。人を思いやる心やけんかをしたらどんなにつらいかがわかったからです。私ものぶちゃんのようにやさしい子になって、けんかをしても自分が悪かったら素直になってあやまりたいと思います」(小学校四年生)といった感想が寄せられ、大好評でした。

大盛況となり、「堅苦しい雰囲気がひとつもなくとても面白かった」「実行委の企画、運営に拍手。是非つづけていただきたい」といった感想文に大いに励まされた年でした。

永六輔さん、朴慶南さん、マルセ太郎さんのトーク（第12回）

マルセ太郎さんのパントマイム
（第12回）

なお、憲法フェスティバルでは、この年、東京都手話通訳問題研究会の協力を得て、全演目で手話通訳を行い、以後、毎年続けることになりました。私たち自身の視野を拡げる、あるいは運動を拡げるといった意味で、憲法フェスティバルにとって地味ではあるけれど、画期的なことでした。

## ●第一三回　一九九九年――テーマ《「不況」といわれる社会の裏で》

◆五月二二日（土）午後一時―午後六時二〇分◆九段会館
◆プログラム――〔開演〕竜鳴太鼓◇〔音楽〕高石ともや◇〔講演〕佐高信◇〔映画〕アニメ映画「どんぐりの家」（一九九七年製作、総監督＝山本おさむ、字幕付）、上映前に舞台で東京・埼玉のろう重複障害者関係団体の代表者が挨拶
◆会場ロビー――東京・埼玉のろう重複障害者親の会や関係団体がバザーを実施
▲参加者数　四〇〇名／参加費（当日）三〇〇〇円

**【一年間の動き】**

一九九八・七・一二　参院選、自民党が改選議席六一から四四へ惨敗

七・三〇　小渕恵三内閣発足
八・三一　北朝鮮「テポドン一号」発射、三陸沖に落下
一一・一五　沖縄県知事選、稲嶺恵一当選。太田革新県政が敗北
一九九九・一・一　欧州連合（EU）で単一通貨「ユーロ」を導入
一・一四　小渕内閣、自自連立内閣が発足
三・一　対人地雷全面禁止条約が発効
三・二四　NATO軍、ユーゴスラビア・コソボを空爆（コソボ紛争）。六・一　停戦成立
四・一一　東京都知事選、石原慎太郎当選

この年の憲法フェスティバルの特色を一つあげるとすればアニメ映画「どんぐりの家」の上映です。この映画は、ろう重複障害といわれる重度障害者と、その家族、関係者などが力を合わせて施設作りに取り組む姿を描いた長編ドキュメンタリー・アニメ映画でした。当日は上映に先立って、東京でろう重複障害者の施設建設運動を続けている家族の方が舞台挨拶に立ち、その中で映画の原作者である山本おさむさんから寄せられたメッセージの朗読がありました。またロビー企画として、東京と埼玉のろう重複障害者関係団体や親の会の主催によるバザーとカンパ活動が実施されました。

この年も「不況」「不況」といわれながらも、その実態はよく分からないまま、世の中はそれなりにゆたかであり、またあいかわらず騒然としていました。池袋と下関で通り魔殺人が起こり、不登校の小中学生は全国で一三万人、自殺者の数も年間で三万人を超え、いずれの数値も最悪を記録しました。さらに九九年前後に、大都市近郊のホームレスの数が急増し、前年には東京二三区のホームレスが四〇〇〇人を突破していました。一方、茨城県東海村のウラン加工施設で臨界事故が発生して従業員に死者が出るなど、それまでには考えられないようなことが日常的な出来事になってきていました。

「どんぐりの家」のチラシから

憲法状況も毎年のように曲がり角に差しかかっており、改憲論者の言動の方が一見、パフォーマンスと説得力にとんでいるようにみえ、具体的にはこの年五月には新しい日米防衛協力のための指針を示した新ガイドライン関連法が成立し、八月には日の丸・君が代を正式に国旗・国歌とする法律が成立しました。また国民の生活に直接の影響があるわりには、その中身が分かりにくい盗聴法や周辺事態法の成立が目前にせまりつつありました。

竜鳴太鼓（第13回）

控え室での高石ともやさん（左端）、佐高信さん（右端）。この日訪れた朴慶南さんとともに（第13回）

憲法フェスティバルでは、こうした状況に惑わされることなく、政情の危険な本質を見抜くためにもあえて身近な暮らしに視点を定めたテーマにスポットを当てようということに議論が定まりました。世の中が不況だ、有事だ、規制緩和だと大見出し的に騒がれているときに、とかく見逃されやすいのが国民一人ひとりの人権ではないだろうか。そこで、ことに忘れられがちな障害者や高齢者、低所得者など社会的弱者と呼ばれる人びとや少数者の人権に視点を向けようということになり、テーマを「いま世の中を見えにくくしているもの──『不況』といわれる社会の裏で──」に決めました。

当日の舞台は、竜鳴太鼓の明るく激しい連打ではじまり、二番手が高石ともやさん。高石ともやといえば関西フォークの旗手、かつてラジオの深夜放送から聞こえてきた「受験生ブルース」に代表される日本のフォークソング歌手の先がけです。

佐高信さんの講演は予想外にユーモアにとむものでした。イギリスの故ダイアナ元妃を題材にした話では「彼女にも人権がある」「特権と人権は違う」と説き、「憲法は国民が国家権力に守らせるもの」であると指摘するなど、佐高さんならではの切り口を鮮やかに見せてくれました。

最後にアニメ映画「どんぐりの家」の上映。上映中、会場にはいつしか起ったすすり泣きがやまず、観客の多くから感動のアンケートが寄せられ、上映後にも会場は、さわやかな清涼感と満足感につつまれていました。

こう書くと、この年の憲法フェスティバルは大成功といった印象を受けるでしょう。ところが興行的には入場者数が四〇〇余名とさんざんな結果でした。収支の点でもかなりの痛手で、財政面から次年度の開催が危ぶまれましたが、実行委員各自から拠出金を集め、次年度以降の開催をなんとか確保することができたことは、今でも記憶に新しいところです。

## ●第一四回　二〇〇〇年――テーマ《二一世紀への憲法》

◆五月二〇日（土）午後一時―午後六時三〇分◆九段会館
◆プログラム――［音楽］李政美《イジョンミ》（歌手）◇［鼎談］「二一世紀への憲法」本多勝一（ジャーナリスト）＋灰谷健次郎（作家）＋金子勝（立正大学教授、憲法学）◇［スクリーンのない映画館］マルセ太郎（ボードビリアン）「息子」（山田洋次監督作品）
▲参加者数　七五〇名／参加費（当日）三〇〇〇円

【一年間の動き】

一九九九・五・二四　新ガイドライン関連三法成立
七・二九　衆参両院に憲法調査会を置く改正国会法成立。〇〇・一　設置
八・九　日の丸・君が代を国旗・国歌とする国旗国歌法成立

八・一二　住民基本台帳法成立
九・三〇　東海村ウラン加工施設で臨界事故、一〇〇人被爆、のち二人死亡、付近住民三一万人に避難勧告
一〇・二〇　西村慎吾防衛政務次官、核武装発言で辞任
一二・二〇　マカオ、ポルトガルから中国へ返還
一二・三一　エリツィン・ロシア大統領辞任。〇〇・三　プーチン、大統領選に当選

二〇〇〇・四・一　介護保険制度発足
四・五　小渕首相退陣、森首相

この年の憲法フェスティバルは李政美さんの美しい歌声で幕開け。

「私は、日本国憲法に自分が守られていると感じたことは一度もありませんでした。今日、ここで歌うために改めて憲法を読み直しました。けれど、やはり、これは私たちを守ってくれるものではないと感じます。だけど、私は、この美しい憲法を守りたいと思う。娘やその娘たちのために。いつか『日本国民』のための憲法が、『すべての人びとの』ための憲法になる日が来るように。」

在日朝鮮人である李政美さんが話されたこの言葉を、その「アリラン」の美しい歌声とともに心に刻んでおきたいものです。

続いて本多勝一さん、灰谷健次郎さん、金子勝さんという豪華な顔ぶれの鼎談。

新ガイドライン関連法成立、国旗・国歌法成立、住民基本台帳法成立、防衛政務次官が核武装発言で辞任、衆参両院の憲法調査会設置、そして石原慎太郎氏が東京都知事に就任といった状況の中で、本多さんは「日本の現在は、第一次大戦敗北後の、美しいワイマール憲法下でナチスが台頭した状況とよく似ている」と指摘をされ、灰谷さんは「いのちはかけがえのないもので、いのちは華やぐもの、という考えが遠くなりつつある」と話されました。今の私たちの社会をみると、残念ながら、これらの指摘はますます当たっているように思われます。

また、「憲法が古くなったから変えようという人たちがいます。しかし、憲法はまだつぼみです。大きな花を咲かすのはこれからです。みんなで憲法の大輪の花を咲かせましょう！」という金子勝さんのお話に参加者からは「金子先生の元気に後押しされた感じです」との感想が寄せられました。「現在の憲法を取り巻く状況および憲法を考える際の基本的視点を得る手がかりが得られ大変有益でした」との参加者の感想文にあるとおりの、充実した鼎談でした。

そして、高校生を中心に、核兵器と戦争のない平和な世界を創ろうと訴えるために世界の子どもの平和像の建設に取り組んでいる、「世界の子どもの平和像を創る会」の若者たちの構成詩。若々しい素直な思いが伝わり、大きな拍手を受けました。

最後は第一二回にも出演していただいたマルセ太郎さん。お得意の「君が代」ネタから始まります。第二次大戦末期、ファシズムから解放されたパリ市民たちは歓喜して解放軍を迎えます。そのとき市民たちの中から自然にわき上がるフランス国歌「ラ・マルセイエーズ」……。これに対して「君が代」は、そうした歓喜の場面で自発的に市民の中からわき上がってくることなど、思っただけでもありえないと、その違和感をつきだしてみせるこのネタは、マルセさんが出演したある集会を妨害しに来て、いやがらせに最前列に座って舞台をにらみつけていた右翼をも大笑いさせたというもの。そして、映画再現芸〈スクリーンのない映画館〉「山田洋次の『息子』」。山田洋次監督からも参加者へのメッセージを送っていただきました。

「ちょいといい話があって、それを語れる相手がいたら、人生はそう捨てたもんじゃない。」冒頭、映画「海の上のピアニスト」のセリフを引用し、マルセさんの『息子』が上演されました。高校生からも「すごい面白かったです。一〇〇〇円で観られるなんてすごくラッキーです。なんだか私も黒電話にしたくなりました。次の公演も早くみたいです」と感想が寄せられるなど、観客席は笑いと涙に包まれました。

この年も大いに盛りあがった年でした。

## ●第一五回　二〇〇一年――テーマ《明日へ、世界へ、私たちの憲法》

◆五月一九日（土）午後一時三〇分―午後六時◆文京シビックホール

◆プログラム――［演劇］「真珠の首飾り」〔憲法フェスティバル版〕（青年劇場、ジェームス三木作・

演出）◇［コント］松崎菊也（コント作家）「憲法を変えたい人たち」◇［トーク］ベアテ・シロタ・ゴードン＋ジェームス三木◇［ライブ&トーク］喜納昌吉&チャンプルーズ、趙博《チョウバク》（歌手）

▲参加者数　一〇〇〇名／参加費（当日）三〇〇〇円

【一年間の動き】

二〇〇〇・六・一三　金大中韓国大統領、北朝鮮訪問。初の南北元首会談
九・一　三宅島の火山活動活発化、全島民に避難命令
一〇・一五　長野県知事選、田中康夫当選
一一・七　米大統領選、共和党ブッシュ、接戦を制す
一二・二二　教育改革国民会議（首相の私的諮問機関）教育基本法見直し等提言
二〇〇一・二・九　ハワイ沖で宇和島水産高校実習船「えひめ丸」が米原潜に衝突され、乗員、実習生ら八名死亡、一名行方不明
三・二八　米、地球温暖化防止に関する「京都議定書」不参加を表明
四・一　情報公開法施行
四・三　「新しい教科書を作る会」教科書、検定合格
四・二六　森首相退陣、小泉首相
五・一一　ハンセン病訴訟、国に賠償命令判決。国控訴断念

この年の憲法フェスティバルは、憲フェス史上でもユニークなものでした。

その第一は、演劇、しかもプロの役者・スタッフと作・演出家による本格的な演劇を上演したことです。劇は「憲法フェスティバル版・真珠の首飾り」。役者・スタッフは青年劇場の皆さん。作・演出家はジェームス三木さん。

前年の秋、「ぜひ芝居をやりたい」と三木さんに泣きつきました。三木さんは第一回憲フェス以来ずっと応援して下さっている頼もしい味方です。あれこれ考えた末、三木さんは自作の「真珠の首飾り」を勧めて下さいました。「真珠の首飾り」は、九日間で憲法草案を書き上げた連合国軍総司令部（GHQ）民政局を舞台に、憲法誕生の秘話を描いた演劇です。この芝居を上演している青年劇場には以前からお世話になっていましたが、三木さんの口利きもあり、全面的に協力して下さることになりました。縁とはおもしろいもので、この劇のモデルであるアメリカ人女性ベアテ・シロタ・ゴードンさんが参議院の憲法調査会に参考人として呼ばれたとのことで五月に来日され、ついでに憲フェスにも出演して下さることになりました（これも三木さんの口利き）。最高のオールスターが勢揃いし、憲フェス当日は三木さんとベアテさんのトークまで実現しました。

第二は、最高一五〇〇人入るという文京シビック大ホールを会場として初めて使用したことです。実は公的施設で使用料が安いため前年五月に予約していたのですが、何としても一〇〇〇人

25　中西　2001年（平成13年）5月8日（火曜日）　身近な話題　地域のニュー

## 「草案の制定過程見てほしい」

### 憲法フェスで上演

ジェームス三木さん作・演出の劇

文京で19日

憲法フェスティバルについて記者会見するジェームス三木さん（左）とベアテ・シロタ・ゴードンさん

芝居や音楽を交え憲法について考える恒例の「憲法フェスティバル」（同実行委員会主催）が19日、文京区春日1の文京シビックホールで開かれる。今年は脚本家のジェームス三木さん作・演出で、日本国憲法草案の制定過程を描いた演劇「真珠の首飾り」を上演することになり、三木さんと、同演劇のモデルの一人だったベアテ・シロタ・ゴードンさん（ニューヨーク在住）が7日、新宿区内のけいこ場で記者会見した。三木さんは「護憲派、改憲派にかかわらず憲法草案をどう解釈し、どう国会を通ったか、あらゆる人に見てもらいたい」と語った。

フェスティバルは一般になじみの薄い「憲法」をもっと身近な存在にしようと、87年に始まった。「真珠の首飾り」は、9日間で憲法草案を書き上げた連合国軍総司令部（GHQ）民政局を舞台に、憲法誕生の秘話を描いた演劇。当時22歳だったベアテさんは民政局スタッフとして草案の人権条項の作成に携わった。

ベアテさんは「テーマが硬く芝居にするのは難しいと思うが、よくリサーチしてドラマチックに描いている。本を読むよりも（憲法についての）印象を強く受けるだろう」と話した。

三木さんは、小泉新政権が発足し首相公選制をはじめとした「改憲論」がクローズアップされる中での上演について「草案段階でどうして大統領制をとらなかったかなどを議論していたことが生々しい。（芝居の）一言一句が重大になり、今年やる意義は大きい」と話した。

当日は午後1時開場。同劇の上演のほか、三木さんとベアテさんらによるトーク、松崎菊也さんのコント「憲法を変えたい人たち」などがある。入場料は前売り2800円、当日3000円。問い合わせは実行委事務局☎3354・9680。【前田英司】

#### あの街この町　北

**パソコンに挑戦**

パソコン初心者対象の「区IT講習会」が7日、北とぴあ（王子1）で始まった。区内最初の講習会には中高年の男女20人が参加し、パソコンの基本的操作などを学んだ＝写真。講習は1コース12時間。公募の区民ボランティア講師の指導を受けながら、インターネットの閲覧や電子メールの送受信を学ぶ。

参加者は1人1台用意されたデスクトップ型のパソコンを使って起動から練習し、慣れない手つきでマウスを動かした。60代の男性は「親切に教えてもらったのでよく分…

#### とうきょうTOKYO

**市民団体代表の吉村氏が出馬へ**

荒川区長選の事前説明会に5陣営

27日投票の荒川区長選で、立候補予定者事前説明会が7日、同区内で開かれた。出馬を表明している都議の藤沢志光(56)▽前助役の荒井靖夫(62)▽清泉女子大教授の春日井明(59)▽参院議員秘書の竹内一浩(39)の4氏の代理のほか、市民団体「18歳参政権を実現する会」代表の吉村光男氏(71)が出席し、無所属で同区長選に立候補する意向を明らかにした。吉村氏は「荒川を舞台に参政権拡大を目指す。教員としての経験を生かし教育改革にも力を入れたい」と話した。

**ごみなど焼く不審火16件**

文京・同一犯か

文京区で5日深夜から6日早朝にかけ、掲示板のポスターや屋外に置いたごみなどが燃える不審…

毎日新聞、2001年5月8日付

趙博さん（第15回）

郵 便 は が き

料金受取人払

神田局承認

3046

差出有効期間
平成21年2月
28日まで

101－8791

507

東京都千代田区西神田
2-7-6 川合ビル

㈱ 花 伝 社 行

| |
|---|
| ふりがな<br>お名前<br>お電話 |
| ご住所（〒　　　　　　　）<br>（送り先） |

◎新しい読者をご紹介ください。

| |
|---|
| ふりがな<br>お名前<br>お電話 |
| ご住所（〒　　　　　　　）<br>（送り先） |

# 愛読者カード

このたびは小社の本をお買い上げ頂き、ありがとうございます。今後の企画の参考とさせて頂きますのでお手数ですが、ご記入の上お送り下さい。

## 書 名

本書についてのご感想をお聞かせ下さい。また、今後の出版物についてのご意見などを、お寄せ下さい。

## ◎購読注文書◎

ご注文日　　年　　月　　日

| 書　　名 | 冊　数 |
| --- | --- |
| | |
| | |
| | |
| | |
| | |

代金は本の発送の際、振替用紙を同封いたしますので、それでお支払い下さい。
（３冊以上送料無料）

なおご注文は　FAX　03-3239-8272　または
メール　kadensha@muf.biglobe.ne.jp
でも受け付けております。

は集めないと恰好がつかないというプレッシャーがありました。これも「ぜひ芝居を！」につながった伏線です。結果は約一〇〇〇人の入りでしたが、憲フェスとしてはかなりの好成績でした。

第三は、当日の企画に向けた取り組みのスタートが早かったことです。前年九月の合宿で、当日一〇〇〇人以上集めるにはどんな舞台・内容にしたらよいかケンケンゴウゴウの議論をしました。その中から「芝居を！」の方針が浮かび上がり、すぐ三木さんの門を叩いたのです。一二月初頭には「真珠の首飾り」上演が決まり、同月末には元台本のどの部分を上演し、どこを省くかの検討を実行委員会で行っていました。こうした取り組みの早さは、憲フェス史上では異例なことです。

第四は、マスコミ等を活用した宣伝を大々的に行ったことです。憲フェス実行委と青年劇場は憲フェス本番の約二週間前、青年劇場のけいこ場で、三木さん・ベアテさんの出席も得て共同記者会見を行いました。これが写真入り・五段抜きで毎日新聞に取り上げられました。そのほか、都内の女子大等で行われるベアテさんの講演会の日程を聞きつけては、宣伝のために憲フェスのチラシとチケットを持って駆けつけるということも行いました。

第五は、演劇以外のプログラムについても、「真珠の首飾り」に勝るとも劣らない豪華メンバーが出演して下さったことです。ラジオでも活躍する松崎菊也さんがコント「憲法を変えたい人たち」で諷刺のきいた笑いを提供し、ライブ&トークでは、大阪を振り出しに全国にファンが急増する異才・趙博さん、沖縄の心と平和のメッセンジャー喜納昌吉&チャンプルーズがそれぞれの持ち味を存分に出し切って会場を沸かせました。

当日、楽屋入りした喜納昌吉さんは、ひとり瞑想にふけって近寄りがたく、「出演後、CDのサインセールをロビーでお願いできますか?」という問いにも「どうなるかわからない」との答でした。しかし、舞台に上がって演奏するうち乗りに乗りまくり、曲目も増え、時間も大幅に延びました。そのため、一緒にならんでCDのサインセールをするはずだった趙博さんは、スケジュールの都合でそれをせずに帰ることになりました。演奏を終了した喜納さんは「よし、行くぞ!」と仲間に声をかけ、舞台から走ってロビーのサインセールに向かいました。

## ●第一六回　二〇〇二年——テーマ《聞いて!聞いて!子どもの声》

◆五月一八日(土)午後一時—午後六時◆九段会館
◆プログラム——[構成トーク]「みんなで平和を考えるwith子どもたち」松元ヒロ(スタンダップ・コメディアン)+川崎けい子(映像ディレクター・写真家)+池田香代子(ドイツ文学翻訳家)+子どもたち(公募参加)/〈協力〉=〈構成〉井上学〈照明〉竹井崇(タケスタジオ)〈音響〉遠藤智宏(東京アートプロ)◇[音楽]こんのひとみ(シンガーソングライター)◇[おはなし]落合恵子(作家)「子ども・平和・希望」

▲参加者数　五〇〇名／参加費（当日）三〇〇〇円

【一年間の動き】

二〇〇一・八・一三　小泉首相、靖国神社へ参拝
　　　　　九・一一　米で同時多発テロ
　　　　　九・二六　米、未臨界核実験
　　　　一〇・一　狂牛病対策として肉骨粉製造・販売を全面禁止
　　　　一〇・七　米、アフガニスタン空爆開始
　　　　一〇・二九　自衛隊の米軍後方支援を可能にする「テロ対策特別措置法案」などテロ関連三法案成立
　　　　一一・九　海上自衛隊、インド洋向け出発
二〇〇二・一・一　EUの共通通貨「ユーロ」流通開始
　　　　一・二九　ブッシュ大統領、北朝鮮・イラン・イラクを「悪の枢軸」と非難

輝かしいはずの二一世紀は、戦争の幕開けでした。

二〇〇一年九月一一日、アメリカで起きた同時多発テロは世界が変わったはじまりでした。米国が始めたアフガニスタンへの報復戦争は、世界中に大きな衝撃を与えました。日本政府はテロ

対策を口実に、テロ対策関連法を成立させ、海上自衛隊をインド洋に派遣しました。

戦争でまず犠牲になるのは子どもたち。アフガン戦争でも、たくさんの子どもたちが、かけがえのない命と大切な家族を奪われています。アフガニスタンだけではありません。いつも、地球のどこかで子どもたちが悲しい思いをしています。

そこで、第一六回憲法フェスティバルは、子どもたちを主人公にして、戦争や平和や家族について聞いてみよう、一緒に考えようと、「地球・平和・家族。聞いて!聞いて!こどもの声」とテーマを決めました。また、以前から課題であった「参加型」舞台づくりへ挑戦することにして、舞台で「教室」を開いて、ゲストに先生になってもらい、生徒として出演する子どもたちは公募することにしました。

「本当に参加してくれる子どもたちが集まるかしら……」と不安でしたが、『憲法フェスティバル通信』の読者などの固定ファンへの協力依頼、実行委員のつて頼りでの声掛けなどで募集し、四月一二日には二五名の満員御礼・募集終了となりました。

先生になっていただくゲストは、川崎けい子さん、池田香代子さん、そして松元ヒロさん。川崎けい子さんは、二〇〇一年一〇月開かれた「アフガニスタン女性と子どもの写真展」が大きな反響を呼んだ写真家。池田香代子さんは『世界がもし一〇〇人の村だったら』を再話されたドイツ文学翻訳家・口承文芸研究家で、日本で難民申請しながらも入管に収容されてしまったアフガンの人びとの救援に走り回っています。そして、松元ヒロさんは、「憲法くん」でおなじみのス

舞台の子どもたちと池田香代子さん、松元ヒロさん（第16回）

タンダップ・コメディアン。

この企画では憲フェス当日までのプロセスが重要でした。最初の子どもたちとの顔合わせの後二回行ったワークショップには三人の「先生」に参加してもらって、それぞれが取り組んできたことや、その中でどんなことを感じてきたかを話してもらいました。そして子どもたち一人ひとりに、「先生」たちの話を聞いて感じたこと、考えたこと、先生に訊ねたいことを話してもらいました。演出の井上学さんは、その子どもたちの話の中から、その話をした子自身のせりふを構成し、子どもたちの感性を生かした舞台を創っていきました。

当日の本番では、川崎さんがアフガニスタンで撮影した写真のスライドを上映しながら話され、子どもたちが池田さんと「世界がもし百人の村だったら」について語り合いました。子どもたちの溌剌とした声、先生の授業に、お客さんの歓声と拍手が響きました。

音楽は、シンガーソングライターこんのひとみさんのミニライブ。こんのさんは、NHK「みんなのうた」で有名になった「パパとあなたの影法師」の作詞・作曲者。歌のエピソードを交えながら、やさしく、思いやりにあふれた歌をしみ通るような声で歌って下さいました。

続いて落合恵子さんの講演。「いまや有事法制とメディア規制がワンセットで大変な社会になろうとしている。育児も大事だが、まず育自をやろう」と話され、さらに、米下院議会でただ一人アフガン戦争に反対したバーバラ・リー議員に触れながら、「状況が困難でもあきらめずに『待ってよ』という勇気を持とう」と訴えて、大きな拍手に包まれました。

コスタリカで非武装平和憲法を制定したフィゲーレス元大統領の夫人カレン・オルセンさんから寄せられた「平和はすべてに優先する。平和は対話によってつくろう」との平和メッセージが紹介され、最後に、出演した子どもたちが、「もっと広く世界を知りたい」「まず隣りにいる人を理解することから始めたい」など、一人ひとりの平和への思いをこめた「わたし・たちのアピール」を発表しました。

## ●第一七回　二〇〇三年 ――テーマ《戦争から平和は生まれない!》

◆五月一七日(土)午後一時三〇分―午後五時三〇分◆文京シビックホール

◆プログラム――［歌舞］紅い烈風・琉球エイサー会／東京朝鮮第一初中級学校舞踊部◇［講演］辺見庸（作家）◇［パネルディスカッション］姜尚中《カンサンジュン》（東京大学教授）＋池田香代子（ドイツ文学翻訳家）◇［読むエッセイ］加藤剛（俳優）
▲参加者数　一三〇〇名／参加費（当日）二八〇〇円

【一年間の動き】

二〇〇二・五・二八　経団連と日経連を統合した「日本経団連」発足、初代会長に奥田碩
八・三〇　南北朝鮮で南北鉄道年内着工に合意
九・一〇　スイス、国連加盟（一九〇番目）
九・一七　小泉首相、北朝鮮を訪問。「日朝平壌宣言」
九・二〇　ブッシュ大統領、「ならず者国家」に対する先制攻撃戦略を発表
一二・一九　韓国大統領選に盧武鉉《ノムヒョン》当選
二〇〇三・一・一〇　北朝鮮、核拡散防止条約脱退を宣言
二・一五　イラク戦争反対のデモ。世界約六〇カ国、六〇〇以上の都市で、一〇〇〇万人以上が参加
三・一四　米、経常赤字五〇三四億ドル。史上最悪を記録
三・二〇　米・英軍、イラク戦争開始

池田香代子さんと姜尚中さんの対談。真ん中は司会者（第 17 回）

辺見庸さん。左は手話通訳者（第 17 回）

この年のテーマは「戦争からしあわせは生まれない！　ピース、ピース、ピース」というストレートで前向きなものになりました。平和を愛する心……これを実現するのは、何も持たざる者である私たちの実践、すなわち学習と行動。この年は、米軍等によるイラク戦争の始まった年でした。また、その後「有事法制」も成立してしまい、日本の軍事体制＝実質的改憲の流れが強まってきた年でした。

有事法制の本質は他国が攻めてきた場合の備えである、などという点にあるのではなく、米軍に協力して、他国を攻めることが可能となる点にあります。そのことは一九九六年の日米安保共同宣言、九七年の新ガイドライン、九九年の周辺事態法、二〇〇〇年のアーミテージ報告、〇一年のテロ対策特別措置法等々の一連の事実から明らかでした。

反対すべき戦争と、賛成すべき戦争があるのではなく、戦争には絶対反対である。戦争から幸せは生まれない。しかし、景気が悪くて、自分の目の前の仕事をやりこなすのが精一杯、確かに、そんな時代。憲法フェスティバルですら初めて地元警察署から、どういう集会なのか、政治集会ならば届け出が必要だ、などという問い合わせが入るという、きな臭い時代の到来でした。

そのような状況のなか、文京シビックホールにおいて一三〇〇人の参加者を得ました。

用意したメッセージを朗読する加藤剛さん（第 17 回）

人気絶頂の作家辺見庸さんの「フェスティバルなんてやっている場合じゃない、憲法フューネラル（葬式）だ」などと辛口でシニカルな講演も刺激的でしたし、姜尚中さんとの対談での池田香代子さんの、「私たち一人ひとりは微力であっても無力ではない」というメッセージも印象的でした。また、テレビの『人間の條件』で俳優人生をスタートした加藤剛さんが、亡くなった名もない兵士の悲しみに思いをいたして憲法九条の条文を朗読。短くも迫力を感じさせたメッセージが会場を感動で包み込みました。そして、紅い烈風・琉球エイサー会が、沖縄民族舞踊であるエイサーを奏で、朝鮮学校の初中級生徒さんたちが「朝鮮舞踊」で盛り上げてくれました。

状況は厳しいものでしたが、世界中で、また、日本でも、多くの人びとが、アメリカのイラク攻撃に反対し、平和を求める声をあげはじめていました。ようやく、日本でも、平和運動が盛り上がって来た、そんな時代でもありました。この頃の反戦デモには「デモなんて初めて」という人たちも多く参加して、デモではなく、「パレード」と呼ばれ、スマップの「世界に一つだけの花」が反戦のメッセージとして流されていました。

楽しい催しとともに、今、一番、ホットで語って欲しい方々の最新の声を生で聞き、自分の次の実践へのステップにし、同時に、憲法という名のつく集会に、多くの人が集まるということ自体、デモと同様、社会や政府に対する強烈なアピールになる。そんな想いが共有できた年でした。

## ●第一八回　二〇〇四年——テーマ《あなたの平和のメッセージ》

◆五月一五日（土）午後一時—午後五時三〇分◆九段会館

◆プログラム——［音楽］きたがわてつ（シンガーソングライター）◇［NGO活動報告とアピール］ピースボート「なぜ船を出すのか」／なまけもの倶楽部◇［講演］高橋哲哉（東京大学教授、哲学者）「今私たちが生きている社会」◇［歌舞］東京朝鮮第一初中級学校舞踊部◇［トークショー］石坂啓

（漫画家）◇［お話］伊藤千尋（ジャーナリスト）「平和のメッセージをどのように伝えるか」◇［緊急出演］「イラク現地報告」郡山宗一郎（写真家）＋（聞き手）伊藤千尋◇［舞踏］はなこりあ
◆ロビー――Be Good Cafe（ＮＧＯ）／なまけもの倶楽部
▲参加者数　五〇〇名／参加費（当日）二六〇〇円

【一年間の動き】

二〇〇三・五・二三　個人情報保護関連五法成立
六・六　有事立法関連三法成立
七・二六　イラク復興支援特措法成立、「非戦闘地域」への自衛隊派遣が可能となる
八・二七　北朝鮮の核問題をめぐり初の六ヶ国協議
一〇・二三　東京都教委、卒・入学式での日の丸・君が代強制実施通達
一二・一三　米軍、フセイン元イラク大統領を拘束
一二・二六　航空自衛隊第一陣がクウェート、カタールに出発
二〇〇四・一・一　小泉首相、靖国神社参拝
三・一一　マドリッド（スペイン）で列車爆破テロ、死者二〇〇人
四・七　福岡地裁、小泉首相の靖国参拝に違憲判決
四・八　三邦人、イラクで人質に。四・一五　バクダッドで解放

石坂啓さん（第18回）

高橋哲哉さん（第18回）

この年は、一月に自衛隊がイラクに派兵され、二月に北朝鮮制裁法案（送金制限）が成立するなど、日本が「自衛」から「海外派兵」へ、「対話」から「圧力」へと大きく舵を切った年でした。四月にはイラクで日本人三名が武装組織に人質にとられ、政府高官の「自己責任」発言が飛び出す一方、自衛隊の派遣に反対して反戦パレード、キャンドルデモなどが、頻繁に繰り返された年でもありました。

にもかかわらず、自衛隊はイラクから撤退せず、自分たちの声を政治に反映させることの難しさを目の当たりにした市民も多くいたのではないでしょうか。

そんな中、実行委員会では「平和への思いを、一人でも多くの市民（特に次世代を担う若者たち）に伝え、大きなうねりにしていくにはどうすればよいのか」に関心が集まりました。

このような問題意識から、若い人たちを惹きつけている「ピースボート」のメンバーと一緒に企画を立てました。ピースボートは、社会問題の現場と出会うというコンセプトのもと「世界一周の船旅」を企画しているＮＧＯです。とにかく、若者たちのエネルギーに圧倒されまくり！その結果、非常にユニークな企画が実現しました。

オープニングには、イラク派兵、日の丸、戦争、国会デモ、小泉首相等、世相を映し出す映像を流し、かつさまざまなＮＧＯ（ナマケモノ倶楽部、Be Good Cafe 等）がロビーにブースを設け、かつステージ上でその平和運動のＰＲを行いました。

講演は、哲学者の高橋哲哉さんと漫画家の石坂啓さん、そしてジャーナリストの伊藤千尋さん。高橋さんが、戦前と現在の政治状況の類似性、特にいつの時代も戦争に国民を駆り立てようとする為政者の思惑を明快に指摘しました。また、石坂さんは、日米のあり方を「のび太とジャイアン」になぞらえて風刺し、会場を爆笑の渦に巻き込みました。伊藤千尋さんは日本の現状と平和運動のすばらしさ、自己責任論のバカらしさなど、終始エネルギッシュなトークで会場を勇気づけました。

またこの年は、チラシに掲載のない緊急企画として、イラクで人質として拘束された郡山総一郎さんが出演し、伊藤千尋さんと対談形式で、イラクを含めた世界の市民の意識の中には、武力なき平和を望む声が大きいことや、「自己責任論」に終始する日本の国民の意識やこれを誘導するメディアの問題点が論議されました。この企画は、四月にイラクで発生した日本人人質の解放と帰国後の支援に奔走した憲フェス実行委員（弁護士）の努力で、急きょ出演が実現したものです。

アトラクションは、きたがわてつさんにオープニングを、「はなこりあ」によさこいアリランを踊って貰いました。会場の皆さんも、よさこい節に併せて、その場で踊っていたのが印象的でした。

荒削りでしたが、勢いのある企画でした。参加者には「勇気をもらった」「平和に関心を持っている若者もいることを知って感動した」等の感想があった反面、あまりに反戦平和を強調しすぎたせいか「決起集会のようで、いつもの憲フェスらしくなかった」という指摘もあり、「憲フェスらしさ」の再考を迫られた年でもありました。

## ●第一九回　二〇〇五年――テーマ《平和・人権　世界の九条》

◆五月一四日（土）午後一時―午後五時三〇分◆日本青年館大ホール

◆プログラム――［音楽］趙博《チョウバク》（シンガーソングライター）＋矢野敏広（ギター&マンドリン）◇［パネルディスカッション］森達也（映画監督・ドキュメンタリー作家）＋重信メイ（ジャーナリスト）＋吉岡達也（ピースボート共同代表）◇［音楽］池田敏美（バイオリニスト）＋田中真理（ピアノ伴奏）◇［講演］姜尚中《カンサンジュン》（東京大学教授）◇［コント］松元ヒロ（スタンダップ・コメディアン）

▲参加者数　六〇〇名／参加費（当日）二五〇〇円

【一年間の動き】

二〇〇四・　五・二一　　裁判員法成立
　　　　　　八・一三　　米軍ヘリが沖縄国際大学に墜落
　　　　　　九・一八／一九　　オリックス・近鉄合併によるチーム減に反対してプロ野球選手会が史上初のストライキ
　　　　一〇・　六　　米政府調査団、イラクの大量破壊兵器、開戦時に開発計画なしと最終報告
　　　　一〇・二三　　新潟中越地震（M6・8）、一時一〇万人が避難
　　　　一二・二六　　スマトラ沖地震（M9）。インド洋で大津波、死者三〇万人以上、津波被害、史上最悪

二〇〇五・　四・　九　　北京で一万人規模の反日デモ
　　　　　　四・一五　　衆議院憲法調査会、最終報告
　　　　　　四・二五　　JR福知山線脱線事故、死者一〇七名。JR史上最悪

　この年の経団連の提言では、憲法九条二項の平和主義と九六条の改正規定の改正を当面の視野に入れるなど、「憲法改正」に向けた議論が活発になってきました。活発とはいっても、あくまで権力側の思惑であり、多くの人びとには、なぜ、今改正が必要なのか、などといったことは伝わってはいません。

左から、吉岡達也さん、重信メイさん、森達也さん（第19回）

このような状況の中、「平和・人権　世界の九条」を掲げた〇五年憲法フェスティバル。日本青年館に約六〇〇人の観客が集まりました。

「浪速の唄う巨人」趙博さんのギター&唄&トークでオープニングから盛り上がり。「在日関西人」として、差別される者・弱い者への共感や権力者への批判を、歌とトークで表現する趙博さん、憲フェスには二〇〇一年の本番、二〇〇三年の憲法よもやま講座以来の登場でした。

パネルディスカッションでは、オウム真理教信者のドキュメンタリーを撮影された森達也さん（映画監督）、平和活動、NGOとして世界を飛び回っている吉岡達也さん（ピースボート共同代表）、パレスチナ問題に精通されている重信メイさん（ジャーナリスト）の三人が九条の可能性をテーマに議論。

森さんは、異質な者を排除する日本社会の現状と改憲論のつながり、その呪縛から脱出する可能性という視点、重信さんは、長く中東レバノンで過ごされた体験から、「紛争の平和的解決」と「武力の放棄」をうたう憲法九条を守ること、世界に伝えることの意

松元ヒロさんの〈憲法くん〉（第19回）

味について指摘。また前年のイラク拘束事件の時には、人質家族や日本市民からのメッセージを携えて現地に飛んで奔走した行動派の吉岡さんは、GPPAC（ジーパック＝武力紛争予防のためのグローバルパートナーシップ）という九条を世界に広げる国際プロジェクトを広く法律家や市民に呼びかけて奮闘している活動を紹介しました。

熱い議論のあとは、バイオリニスト池田敏美さんが奏でる清冽な調べでリフレッシュ（ピアノ伴奏は田中真理さん）。池田さんは新星日本交響楽団の創立に参加し、長くコンサートマスターをつとめられた実力派。

そして、憲法フェスティバル三度目の姜尚中さんは「東北アジアの国家間に、憲法の精神を生かした平和の枠組みを」と訴えました。姜さんは講演で、雇用や年金などで政治が劣化現象を起こしていると指摘した上で、「その張本人の政治家たちが憲法に責任転嫁しているのが日本の現状」と鋭く指摘。そして自民党の改憲案が政教分離の規定を緩和しようとしていることを批判。「形をかえた神聖国家に日本が逆戻りする恐れがある」と靖国問題を視野に入れた発言をされました。また、「憲法の議論をする場合、日米安保条約の問題に踏み込まざるを得ない」と指摘し、「仮に米国と一緒に北朝鮮に対し軍事行動を起こせば、日本も無傷でいられるはずがない」と危機感あふれる指摘で、日本の現状に切り込みました。

トリは、お馴染みの松元ヒロさん。憲法フェスティバルで生まれた、あの憲法くんが久々の登場！

かなり「尖った」企画で観客数も今一でしたが、時代にマッチした鋭い内容だったとは思います。参加して下さった皆さんは、今こそ、時代は憲法くんを必要としている、そんな実感を得られたと思います。

## ●第二〇回　二〇〇六年――テーマ《憲法ってなんだっけ？》

◆五月一三日（土）午後一時―午後五時三〇分◆九段会館
◆プログラム――［音楽］佐藤光政（オペラ歌手）◇［講演］森永卓郎（経済評論家）◇［トーク］永六輔（放送作家・エッセイスト）◇［講談］神田香織（講談師）「はだしのゲン」
▲参加者数　八〇〇名／参加費（当日）二七〇〇円

【一年間の動き】
二〇〇五・五・三〇　　最高裁、原発高速増殖炉もんじゅの安全性を認め、住民側逆転敗訴

八・八　郵政民営化法案、参院で否決。首相、衆議院解散
八・三一　米南部のハリケーン「カトリーナ」被害。ニューオーリーンズ中心に数千人の死者
九・一一　総選挙で自民党圧勝。公明党と合わせ与党で三分の二の議席を占める
九・三〇　大阪高裁、小泉首相靖国参拝に違憲判決
一〇・八　パキスタンでM7・6の大地震
一〇・二九　自民党、「新憲法草案」発表

五年に及ぶ小泉政権の下で、官業の民営化、医療・福祉の切り下げ、税制の改変、労働法制改悪などの新自由主義「改革」が推し進められました。「景気は回復した」というかけ声とはうらはらに、庶民の生活は苦しくなりました。自殺者は八年連続で三万人を超え、生活保護世帯は一〇〇万を超え、非正規雇用の労働者があふれました。「日本型福祉」は死語と化し、格差社会が到来しました。

他方、ビラ配りなど市民の政治的自由・表現の自由が侵され、公立学校の卒業式・入学式で日の丸・君が代が強制され、テロ対策や防犯を口実とした規制や相互監視、犯罪の重罰化が強められ、共謀罪新設の法案が提出されるなど、治安強化が進められました。

こうしたなかで、イラクへの自衛隊派遣は長期化し、教育基本法の改悪法案が国会に提出され、

森永卓郎さん（第 20 回）

佐藤光政さん（第 20 回）

主要政党からは改憲案が出され、「防衛省」法案や改憲へのステップである国民投票法案の提出が現実化しました。

このような社会状況・憲法状況を踏まえ、実行委員会はあれこれ論議した結果、第二〇回憲法フェスティバルのテーマを「憲法ってなんだっけ？」としました。

その心は、一つには、右のような現象や事態そのものが憲法の理念や規範、規定に照らしておかしいではないかというアンチテーゼです。もう一つは、こういうときだからこそ、原点に立ち返って多くの市民（観客）に日本国憲法の真髄とその価値を知ってほしい、また再認識してほしいという願いです。

出演は、佐藤光政・森永卓郎・永六輔・神田香織の各氏。

森永さんを除く三名の方々は、強力な仲介者があったり、毎年賛同して下さっていて以前出演して

神田香織さん（第 20 回）

永六輔さん（第 20 回）

いただいたご縁もあるということで、大きな困難なくお願いできました。しかし、森永さんの出演は極めて異例な経過をたどりました。当初、同氏の所属するプロダクションに実行委員がメールで出演のお願いをしたところ、「日程上無理」との回答で断念していたのですが、その後メールを読んだ森永さんご本人から「出演する」との電話連絡があり、大逆転！となったのです。

オープニングの佐藤光政さんは、朗々とした声で「ケサラ」など数曲を熱唱、冒頭から雰囲気を盛り上げました。

森永卓郎さんは、格差が極度に拡大したアメリカ社会の実態も紹介しながら、格差社会を生み出した小泉「構造改革」や日本経済の矛盾をわかりやすく解明し、「自分さえよければいいという風潮や憲法改変を許せば、間違いなく戦争に巻き込まれる。ここで止めなければならない」と強調しました。

永六輔さんは、憲法にまつわる興味深いエピソード（新撰組の憲法、松下村塾の憲法など）を紹介したうえ、公務員の憲法尊重擁護義務を定めた憲法九九条を取り上げて国民主権の意義を強調。憲法を「守る」のではなく、積極的に活用していこうと呼びかけました。最後には、永さんお得意の相撲甚句が飛び出しました。

神田香織さんは、講談の道に進んだ自分の人生航路にも触れながら、「新版・はだしのゲン」を熱演（舞台効果も圧巻）、観客の涙を誘いました。

当日後、観客の皆さんからは「とてもあったかかった」「癒やされた」「わかりやすかった」などの感想が多く寄せられ、好評でした（アンケート結果など）。

この年の企画は、多くの観客にとってより親しみやすく、内容的にも時代の状況を鮮明に浮かび上がらせたばかりでなく、前年、前々年と比べて観客の数がふえました。

【二〇回以後の動き】

二〇〇六・　六・二五　イラク南部サマワで復興支援活動中の陸上自衛隊が撤収、航空自衛隊は継続

八・一五　小泉首相、終戦記念日に靖国神社に参拝、中曽根元首相以来二一年ぶり

八・一五　加藤紘一元自民党幹事長の地元事務所、右翼に放火され全焼

九・一四　オウム真理教の麻原被告に死刑判決

九・二六　小泉首相退陣、安倍首相
一〇・一四　国連安保理、核実験を実施した北朝鮮に制裁決議
一一・　四　イラクのサダム・フセイン元大統領にイラク高等法廷が死刑判決
一二・一五　愛国心や伝統文化の尊重を盛り込んだ改正教育基本法成立
一二・一五　防衛庁の省昇格関連法が成立、自衛隊の海外活動が本来任務に

表２　参加者数と参加費

| | 参加者数 | 参加費 | | | | 備　考 |
|---|---|---|---|---|---|---|
| | | 前売 | 当日 | 高校生以下 | 小学生以下 | |
| 初回（第１回）　1987 年 | 2300 人 | 1500 円 | 1800 円 | 1000 円 | 無料 | |
| 第 2 回　1988 年 | 800 人 | 2000 円 | 2500 円 | 1500 円 | 無料 | |
| 第 3 回　1989 年 | 800 人 | 2000 円 | 2500 円 | 1500 円 | 無料 | |
| 第 4 回　1990 年 | 400 人 | 2000 円 | 2500 円 | 1500 円 | 無料 | |
| 第 5 回　1991 年 | 800 人 | 2000 円 | 2500 円 | 1500 円 | 無料 | |
| 第 6 回　1992 年 | 600 人 | 2500 円 | 3000 円 | 1500 円 | 無料 | |
| 第 7 回　1993 年 | 800 人 | 2500 円 | 3000 円 | 1500 円 | 無料 | |
| 第 8 回　1994 年 | 600 人 | 2000 円 | 2500 円 | 1500 円 | 無料 | |
| 第 9 回　1995 年 | 500 人 | 2000 円 | 2300 円 | 1500 円 | 無料 | |
| 第 10 回　1996 年 | 750 人 | 2000 円 | 2300 円 | 1000 円 | 無料 | 障害者 1000 円 |
| 第 11 回　1997 年 | 1000 人 | 2500 円 | 3000 円 | 1500 円 | 無料 | 障害者 1500 円 |
| 第 12 回　1998 年 | 800 人 | 2500 円 | 3000 円 | 1000 円 | 無料 | 障害者 1000 円 |
| 第 13 回　1999 年 | 400 人 | 2500 円 | 3000 円 | 1000 円 | 500 円 | 障害者 1000 円 |
| 第 14 回　2000 年 | 750 人 | 2800 円 | 3000 円 | 1000 円 | 無料 | 障害者 1000 円 |
| 第 15 回　2001 年 | 1000 人 | 2800 円 | 3000 円 | 1000 円 | 無料 | 障害者 1000 円 |
| 第 16 回　2002 年 | 500 人 | 2500 円 | 3000 円 | 1000 円 | 無料 | 障害者 1000 円 |
| 第 17 回　2003 年 | 1300 人 | 2300 円 | 2800 円 | 1000 円 | 無料 | 障害者・付添人各 1000 円 |
| 第 18 回　2004 年 | 500 人 | 2300 円 | 2600 円 | 1000 円 | 無料 | 障害者・付添人各 1000 円 |
| 第 19 回　2005 年 | 600 人 | 2200 円 | 2500 円 | 1000 円 | 無料 | 障害者・付添人各 1000 円 |
| 第 20 回　2006 年 | 800 人 | 2200 円 | 2700 円 | 1000 円 | 無料 | 障害者・付添人各 1000 円 |
| 第 21 回　2007 年 | | 2200 円 | 2700 円 | 1000 円 | 無料 | 障害者・付添人各 1000 円 |

# Ⅲ

# 〈憲法フェスティバル〉って何だ？

## ――二〇年をふりかえって――

## 1　憲法フェスティバルのめざしたもの

憲法フェスティバル二〇年の経過の中で、運動の担い手も当然のことながら少しずつ変わってきた。責任者もこの間、五代・四名（一名が再任）が交代してきた。「憲法フェスティバル」としてめざしたものは基本的に一貫しているが、時代の変化の中でマスコミはなかなかこの手の企画を取り上げてくれなくなり、時に観客数が伸びず、赤字に頭を抱えたりもしながら、憲フェス運動として継続し、担い手の感覚や手法も変化しつつ、発展してきた。

以下、ごく大雑把に憲法フェスティバルがめざしてきたものと、運動の進化について述べてみたい。

### ◆「憲法への招待」——幅広い運動をめざして

「幅広い市民層の参加を得られる企画を」かつ「憲法的観点から質が高く、メッセージ性豊かな企画を」。これは「憲法フェスティバル」のもっとも基本的なコンセプトである。

しかし、この二つの要求をともに満たす企画など、そう簡単に実現できるはずもない。実行委員会は二〇年間、毎回、この二つの要求のジレンマの中で模索してきた。「憲法派」と「フェスティバル派」の対立などと実行委員会の中で冗談半分にいわれたこともあった。毎年の社会状況とその当時の実行委員会の問題意識・感性の下で、右の二つの要求のジレンマの結果が「II　憲法フェスティバル二〇年の軌跡」に記載した二〇回の企画内容であるともいえる。

企画を準備する方としては、当然のことながら毎回「ヒット」をとばしたいのだが、なかなかそううまくは行かない。また、時代の変化の中でマスコミはこうした企画を取り上げてくれなくなってきていることは顕著な事実で、実行委員会としてはそれだけに企画の工夫、そして口コミ・ミニコミによる普及に力を注ぐことになる。

◆文化的企画をめざして

憲法フェスティバルは、映画、音楽、演劇、芸能といった文化面での企画を大きな柱の一つにすえてきた。

列をつくって入場を待つ参加者（第12回）

それは、一面では、「憲法への招待」に述べた、幅広い運動をめざすことにもつながるが、より基本的な姿勢の点で言えば、憲法的価値を、堅い「講演」といったものによる表現だけでとらえない、「憲法的価値感覚や感性」(たとえば、映画「どんぐりの家」や山田洋次監督の「息子」とから私たちが受けとる「人間の尊厳」とか「連帯や共生」といったことに共鳴する価値感覚など）といったところからとらえよう、といった思いから出たものであった。

この文化面からのアプローチという点も、二〇年間、時々の企画における濃淡はあっても一貫して追求してきたことといえる。第一一回（一九九七年）のザ・ニュースペーパーによる「憲法施行五〇周年の夜」の企画は、こうした取り組みの成功例といえる。

### ◆新しい「市民による憲法運動」をめざして

憲法フェスティバルは、発足の当初から、「組織動員」型の運動から脱却し、市民運動としての憲法運動をめざした。「I　憲法フェスティバルの誕生」をご参照いただきたい。

憲法フェスティバルでは、観客へのアンケートで翌年の実行委員への参加を呼びかけ、毎年何人かが「面白そうだから少しやってみようか」と実行委員に参加してくる、といった方式を採ってきた。こうしたこともあって、八八年以降二～三年の経過で、一人ひとりの市民が全くの個人として参加する実行委員会といった色彩がより鮮明になってきた。

また、チケットの普及の仕方も、組織・団体の買い上げの割合が少なくなって（それには労働組合運動の低迷も一つの要因であったろうが）、アンケートに書いてもらった氏名住所へのダイレクトメールをはじめ、一人ひとりの市民による購入が売り上げの大半を占めるように進化してきた。また、一〇年近く前からは、「チケットぴあ」などでも売り出している。

なお、「ダイレクトメール」と書いたが、憲法フェスティバルでは毎年の積み重ねの中で、かなりの規模での「固定客」といってよい層が形成されてきている。さらに、この一〇年くらいは、年に数回、企画の案内等を載せた『憲法フェスティバル通信』を発行・発送している。

### ◆楽しく集える実行委員会をめざして

運動は楽しくなくては長続きしない。実行委員会も、行って「おもしろかった」「学べて得をした」「いい刺激をもらえた」などと思えるものでなければ集まりは悪くなる。そんな実行委員会をめざして（もちろんそううまくはいかないのだが）、実行委員会の中でゲストを招いてミニ学習会を開いたりして工夫を試みていたのが、数年を経て「憲法よもやま講座」としてはっきりと位置づけられて定着し、毎年五月の「憲法フェスティバル」企画運動が、通年の憲法運動へと発展していった。

また、組織としての実行委員会のあり方も、前に述べた市民運動をめざすことと関連して悩ましく、模索しつづけてきた問題であった。

憲法フェスティバルでは、個人の自主的意思を前提としそれを尊重したい、多様な意見を尊重したい、との思いがあった。一致点での行動を旨とし、できるだけ「組織」の枠組で押しつけるようなことはしたくない、一人ひとりが「組織の歯車」になるようなことにはしたくないとの思いがあった。だから憲法フェスティバル実行委員会には未だに規約や会則がない。

しかし他方で、個性的な人間が集まっていて、それが好き勝手にしていてはなかなか意見がまとまらないこともあるし、なにしろ五月には「憲法フェスティバル」を開催するのだから、どこかで見切りをつけて強引にでも事を運ばなければならないこともある。作業も多いから役割分担はどうしても必要となる。

憲法フェスティバル実行委員会の運営は、この二つの要請の中で、試行錯誤をしてきた。全体として、第七~八回の実行委員会の頃におおむね現在のような体制ができて推移してきているが、その運営には先に述べた意味で心が砕かれている。

以上、ごく大雑把な概観を述べた。詳しくは次節以降のいわば各論をお読みいただきたい。


(海部　幸造)

## 2　憲法派とフェスティバル派のジレンマ?

「憲法フェスティバル」という極めてシンプルな名称は、なかなか傑作だと思う。とかく、生活からは遠い感じのする憲法を、楽しく身近に、というコンセプトが凝縮されている。「憲法への招待」という憲法フェスティバルの趣旨が端的に表れている。

憲法派とフェスティバル派。これは、一つの喩えで、別に実行委員の中に派閥があるわけではなく、また、対立が鮮明にあるわけではない。ただ、その時々の企画において、どこに重点を置くべきかの議論の基軸のようなものである。

簡単に言うと、「憲法派」というのは、企画に、憲法状況の抱える真面目かつ深刻な問題点

受付を通る参加者（第９回）

の提起・メッセージ等を盛り込もうという考え方、「フェスティバル派」というのは、それにしても、まず、多くの参加者を呼ぶためにも、楽しい、わかりやすいことをやろう、という考え方、といったところだろうか。

憲法フェスティバルのチラシは、さまざまなところで配っていると別の集会案内のビラとかち合うことはあるが、圧倒的にこちらがカラフルである。これは、なかなかいいことだと思う。このチラシに端的に象徴されているように、従来の「運動」「集会」が、三Kのようなイメージ、すなわち、暗い、お堅い、キツイみたいなところがあったところ、それを打ち破って、誰もが、動員ではなく、参加しやすいものを！ということで始まったと思われる憲法フェスティバルにおいては、「真面目」と「楽しい」は、両立させなければならないのである。

しかし、この「真面目」と「楽しい」の両立は、なかなか難しい。故に、「憲法派」と「フェスティバル派」のジレンマ（?）なのである。

実行委員会のメンバー、誰もが、ある意味、真面目な面白がり、というところはあり、それが、続くコツでもある。その中では、真面目に重点がある人と、面白いことに重点がある人がもあり、私なんぞは、真面目に重点を置いているつもりではあるが、面白いことにどうしても向いてしまう、という自負があったりする。ところが、外からはそう見えなかったりするもので……。

たとえば、九五年（第九回）。この年は、改憲派と護憲派のディベートを中心に、ザ・ニュースペーパーとランキン・タクシー。すごく真面目な企画にちょっと面白みを味付けしたつもりだったが、そもそも、改憲派も出演していただいて、という企画は当時としては、斬新というか、画期的というか、掟やぶりみたいなところもあり、批判もあった。私個人も現時点のさらに厳しい情勢の中では、果たしてそのような企画が妥当か否かにつき、別の考えもあるが、当時は、「真面目に」時代に必要な議論だったと思っていたのである。

さらに、九七年（第一一回）。この年は、ザ・ニュースペーパーをメインにした大きな企画で、そこでなされるネタ自体を、実行委員、水島朝穂さん、ザ・ニュースペーパーの皆さんと一緒に練り上げるという企画で内容的にも真面目かつ笑えるものが完成した。憲法派とフェスティバル派の交差点で輝いた一つの傑作だったと思う。

各時期の憲法フェスティバルを、この「憲法派」VS「フェスティバル派」（まあ、VSということもないんですが）、という視点で見るのも面白い、というか興味深い。それぞれ、ああ、このときは、「真面目」に傾いていたんだな、とか、ああ、この年は、割とエンターテインメント中心だな、とか。また、だんだん、時代の憲法状況が悪化する中、その辺のバランスをどうするかを常に模索していたこともわかると思う。

ベースは、もちろん憲法である。それは、みんな共通している。されどフェスティバル。ただ、ただ、堅苦しい集会では、結局、「フツーの人」は集まらないし、集まっても、頭に入らず、ただ、集まっただけで終わることもある。時代は困難であっても、いや、時代が困難であればあるほど、フェスティバル、すなわちお祭り的要素は必要なのではないか。二〇〇三年には、出演者の辺見庸さんに、この厳しい時期に祝祭じみた集会とは、むしろ憲法フューネラル（葬式）ではないか、などというコメントもいただいてしまった。しかし、これでいいのである。辺見さん独特の切り口。そんなことを発信できるのもこの憲法フェスティバルだからこそ。そう自負していいと思う。

これからも、憲法フェスティバルの実行委員は、常に「憲法派」と「フェスティバル派」のジレンマを背負っていくことになるだろう。それが、悩みであり、面白みであり、意義である。そして、いわゆる「運動」にとって普遍的なテーマなのではないだろうか。

真面目と面白い。これは対立するわけではない。面白いは、不真面目という意味ではない。メディア的なお笑い、興味本位とは違う地平をめざすものである。

憲法状況は、極めて厳しい。我らが憲法くんは、リストラされかかっている。私たちはもっと、もっと働いて欲しい、いや、一緒に働きたい。元気で長生きするには、やっぱり、真面目ながらも楽しくやっていかなければ続かないのだ。

（森川　文人）

## 3　動員型の運動からの脱却をめざして

憲法フェスティバルは、「I　憲法フェスティバルの誕生」に書かれているように、一九八七年に開催された当初から、「組織動員」型の運動から脱却した新しい市民による憲法企画をめざしました。このことは、第二回目以降も明確に意識されてきました。

「組織動員型」といってもあるいは今の若い人たちにはピンとこないかも知れませんが、労働組合やさまざまな団体が「ウチからも参加しよう」「ウチは何人だそう」などと組織決定し、参加者動員が図られるスタイルの運動です。このスタイルの運動では、参加者数の確保は一定程度できるのですが、参加者は必ずしも全員が主体的・自主的に参加しているわけではありません。こうした運動を頭から否定するつもりもありませんが、私たちは、一人ひとりが自発的・自律的に参加してくれる企画・運動を作りたかったし、そうした草の根の運動であってこそ本当の力になるのではないかとの思いがありました。

**◆参加者を実行委員に募って**

第一回の憲法フェスティバルは、さまざまな団体や労働組合にも協力を呼びかけましたし、実行委員会にもいわば組織代表的位置づけで参加してくれた実行委員もいました。

しかし、二回目以降の実行委員会は、観客へのアンケートで翌年の実行委員への参加を呼びかけ、毎年何人かが「面白そうだから少しやってみようか」と実行委員に参加してくる、といった方式を採ってきました。この、観客へのアンケートで翌年の実行委員を募るというやり方は、その当時としては結構斬新な考え方でしたし、また、その中から実際に新しい実行委員が参加してきてもらえるということは、従前からの実行委員にとって大きな励ましともなりました。

こうして、二、三年のうちに、市民が全くの個人として参加する実行委員会といった色彩がより鮮明になりました。また、団体からの代表的な位置づけで参加された実行委員も次第に個人としての参加の色彩が強くなってきたように思われます。

しかし、こうした個人参加による、個々の自発性・自律性を最大限尊重しようと心がけようとする実行委員会（回りくどい言い方ですが）が、その運営に困難を伴うものであることも事実で、そのことについては「5　組織は好きじゃないけれど」をお読みください。

## ◆チケット販売の柱は個人

第一回の憲法フェスティバルでは、参加の呼びかけについても、協力をしていただいた多くの労働組合や団体を通じての働きかけも大いにやりましたので、労働組合や団体からの参加者もかなりの割合だったと思われます。その後三〜四年くらいは、チケットの普及についても、労働組合や諸団体を回ってチケットを預かってもらうという形での普及がそれなりの割合を占めていた

熱心に聴き入る参加者（第９回）

のですが、労働組合運動の低迷も一つの要因であったでしょうが、それも次第に少なくなっていきました。

現在、チケット普及の大きな柱となっているのは、ひとつは、第一回のときからこの運動を大きく支えてくれている青年法律家協会に参加する弁護士さんたちが、自分たちのお客さんに一枚一枚売って下さっていることと、もうひとつ、固定客層へのダイレクトメールがあります。

憲法フェスティバルでは毎年の運動の積み重ねの中で、かなりの規模での「固定客」といってよい層が形成されてきています。この皆さんは、観客アンケートに住所氏名を書いてもらった方たちで、いわば憲法フェスティバル参加のリピーターです。こうした方たち一人ひとりに「ダイレクトメール」を送ります。この一〇年くらいは、年に数回、企画の案内等を載せた『憲法フェスティバル通信』を発行・

発送しています。現在一二〇〇通くらいを発送しています。この、『憲法フェスティバル通信』と、「よもやま講座」（「参加しておもしろい実行委員会をめざして」参照）は、憲法フェスティバル運動が一人ひとりの市民との直接の、そして継続的な結びつきを大切にしようとするものです。

もちろん、毎年、実行委員が手分けをしてあちらこちらの憲法集会等に行っては宣伝をし、マスコミにも働きかけ、実行委員や「固定客」の皆さん一人ひとりが周りの人びとに宣伝をしてチケットの普及に努めています。こうして、憲法フェスティバルは、一人ひとりの市民による購入が売り上げの大半を占めるように進化・発展してきました。一〇年近く前からは、「チケットぴあ」などでもチケットを扱ってもらうようにしています。これは、実行委員会の心意気を示すものといってよいでしょう。

（海部　幸造）

## 4　参加しておもしろい実行委員会をめざして

第一回（一九八七年）から第五回（一九九一年）まで憲法フェスティバル実行委員会の事務局長を務めた海部幸造さんが、前項の「動員型の運動からの脱却をめざして」を書いているが、その趣旨は「ひとりひとりの市民が自発的に参加し、創り上げる憲法運動を」ということだろう。

そのことを、憲法フェスティバルの作り手であり、開催主体である実行委員会の取り組みや活動スタイルから具体的に述べたい。

ロビーで沖縄の物産展（第10回）

まず、実際に活動している実行委員は約一五名。その顔ぶれはサラリーマン、年金生活者（元会社員）、家庭の主婦、元消防士、カウンセラー、弁護士などさまざまである。弁護士は三〜四名かかわっている。以前は大学生もいたが、今は参加しておらず、平均年齢は四〇代後半。ユニークなのは、一度憲法フェスティバルに客として観に来た後、アンケートに答えて実行委員になった人が約半数を占めることである。とにかくいろいろな年齢、職業、階層の人がいる。何人か集まると、すぐ世間話が始まったり、冗談がとびだす。

個人的な見解だが、女性、特にごく普通に生活している主婦層（正確には職業婦人を含む）は非常に重要である。なぜなら、彼女たちは明るく、たくましい（図太いと言った方が正確か）。また、ときどきトンチンカンな発言をして会議の進行にブレーキをかけることもあるが、それによって笑いが生まれ、雰囲気は格段によくなる。

　特に貴重なのは、彼女たちのミーハー的傾向である。彼女たちはタレントなどの有名人やその噂話が大好きである。食べ物の話も大好きである。また、論理的というよりは感覚的ないし情緒的であり、流行に敏感でもある。要するに世間のどこにでもいる「オバサン」たちなのだが、憲法フェスティバル（本番）の企画を立てたり、出演者を選んだりするとき、これが大いに役立つ。彼女たちにウケがよい企画や出演者は本番でも当たり、参加者も多く、盛り上がるのである。

　ところで、実行委員会では「来る者は拒まず、去る者は追わず」をモットーにしているので、実行委員になる・やめるはもちろん、会議への出席・欠席も全く各人の自由である。会則や規約もなく、全くオープンである。

　実行委員会の会議は、必ずしもスムーズには進まない。司会が議題のレジュメを作ってきて、それに従って進めるのだが、途中で脱線したり、たわいないことで議論や論争になることがしょっちゅうである。会議の時間も決して短くはなく、延々五～六時間に及ぶこともある。

　会議のなかで、参加者は時に自分の生きてきた人生や体験を語る。職場の実情を語ることもある。年齢、職業、階層がさまざまだから、今まで聞いたことのない話も出、「へえー、そうなんだ」ということになる。そうした交流の要素も貴重である。

　他方、オープンであるということは、多様な人びとがやってくることを意味する。強烈な個性を持つ人も参加する。こうした人たちを受け容れて一緒にやっていけるかどうかは、市民運動としての健全さを示すバロメーターだと私は思っている。

そして、会議の後は二次会（飲み会）である。酒を飲む人も、飲まない人も参加する（帰るのも自由）。これが楽しみで毎回小田原から通ってくる、という実行委員もいる。

最後に、「憲法よもやま講座」に触れたい。

事務局長を引き受けて間もない頃（一九九二年〜一九九三年）、私（下林）は実行委員会に参加していたある女性から「憲法フェスティバルは『憲法への招待』だけなんですか？　実行委員になればもっと憲法を知ることができると思って、実行委員になったのに……」と言われた。「エッ？」とびっくりしたが、彼女の疑問がわからなくもなかった。

じつは、以前から実行委員会の際ゲストを招いたり、誰かが報告をしたりして、時事問題や平和・人権に関する問題について勉強会的なことをときどきやってきた。しかし、それを通常の実行委員会と別に位置づけたり、定期的に開催するということはなかった。

そこで、一九九三年頃から「継続的学習運動」と称して年に何回か学習会的な小イベントを開催するようになった。その後一九九四年「憲法よもやま講座」（通称「よも講」）という名称で正式にスタートしたのである。

第一回のよも講は、同年七月二日（土）神田パンセで開催した。テーマは「現代の人権――『じん肺』を通して――」。講師は小野寺利孝弁護士。内容は、国策企業がカドミウムをタレ流し、これに立ち上がった被害者が同じ被害を蒙っている地元民から村八分にされた安中公害や、朝鮮人被爆問題、じん肺など。小野寺弁護士いわく、「人のいのちや権利が奪われているのに人びとが立ち上がれないのは、職場に、地域に、社会に憲法がないから。じん肺でも、平和でも、大切なのは加害責任を徹底的に明らかにすること。そして憲法を内実化させる不断の努力が必要」。この話のすばらしさとはうらはらに、参加者はたった四人だったのを覚えている。

しかし、よも講はその後今日まで一二年以上続き、開催回数も五〇回を超えた（具体的な開催経過と内容は［附］の表4のとおり）。今では憲法フェスティバルの中で重要な位置を占め、熱心なよも講ファンもいる。

よも講を開催する目的は、その時々の憲法上あるいは社会的に重要な問題について学ぶこと、事件の現地や当事者を訪ねて真実に触れること、お互いの交流を深めること、そして実行委員の拡大や五月の本番への参加の呼び水にすることなどであり、憲法フェスティバルになくてはならないものとなっている。

（下林　秀人）

## 5　組織は好きじゃないけれど

「憲法フェスティバルのめざしたもの」と「動員型の憲法運動からの脱却をめざして」で書かれているように、憲法フェスティバルでは発足の当初から「組織動員」型の運動から脱却し、市民が自主的につどい、活動することをめざしてきた。

これは画期的、いや革命的と言ってもいいくらいの試みだったと思う。一九八七年当時、日本の憲法運動や平和運動の中で「組織動員」型ではない、あるいは組織に頼らない運動というのは極めて少なかったのではないか？　一九七〇年前後に大きな輪が広がった「ベ平連」（「ベトナムに平和を！市民連合」）くらいのものではないだろうか。

いずれにしても、憲法フェスティバルではこれまで二〇年間、この「市民が自主的につどい、活動する」というスタイルを一貫してきた。

ところで、「組織動員」型でなく、組織に頼らないということは、実行委員会に既存の組織や団体が参加してくるのを拒むことでは決してない。現に、第一回（一九八七年）から第七回（一九九四年）くらいまでの数年間は「草の実会」や「日本ジャーナリスト会議」、それにいくつかの労働組合の人たちが実行委員会に参加し、大いに憲法フェスティバルを盛り上げた。それはそれですばらしいことである。組織や団体が構成メンバーとして参加する場合に心配されるのは、いわゆる「引き回し」（自分たちの方針や意見を全体に押しつけること）である。それさえなければ、組織や団体の参加に何ら問題はない。

ただ、実数としては、第一〇回（一九九七年）くらいからは個人として実行委員会に参加する人が圧倒的に多くなった。現在は一〇〇パーセント個人参加である。

さて、本稿のテーマは「組織は好きではないけれど」である。先にそのタネあかしをすると、「憲法フェスティバルは『組織動員』や組織への依存からの脱却をめざしたが、実行委員会の仕組みや活動はある意味で『組織化』された」という皮肉（？）な現象である。

具体的に説明しよう。

最初の五年間くらいの憲法フェスティバル実行委員会は、驚異的な人気を博した第一回（一九八七年）の余韻やその後の成功によって、大いに沸き立っていた。しかし、実行委員会内部では役割分担の体制が整っておらず、事務局長（実質的な実行委員長）とわずか数名の人たちに企画から雑用まで実務のほとんどが集中し、これらの人たちの肉体的・時間的・精神的負担は大変なものがあった。その一方で、新たに実行委員会に参加してくる人たち（ほとんどが普通の市民）は、活動するといっても何をどうすればよいかわからず、会議に参加してもほとんど「お客さん」状態であった。

こうした実行委員会内のアンバランスと非能率を改善するため、第六回（一九九三年）以降、海部さんから事務局長を引き継いだ私（下林）は「部会制度」を提案した。

「部会制度」とは、実行委員会の中に「企画」「広報（現在の組織・宣伝）」「総務」という三つの専門部会をつくり、実行委員はみな原則として一つ以上の部会に所属し、それぞれの実務を分担するシステムである（表3）。

今でこそすっかり定着した「部会制度」だが、スタートさせるまでがとにかく大変であった。それは「部会制度」に反対する声もあったためである。「反対論」の理由は「憲法フェスティバルは組織に依存しないのがスタイル。部会などつくらず、活動したい人が自主的に活動すれば

表3　実行委員会のしくみ

| | | |
|---|---|---|
| 実行委員会 | | 実行委員全員（実行委員長・事務局長を含む）の会議 |
| 部　会 | 企画部会 | 本番の企画や出演者との交渉 |
| | 組織・宣伝部会 | 『憲フェス通信』の発行、チケットの普及、対外宣伝活動の手配など |
| | 総務部会 | 名簿や物品の管理・購入、庶務 |
| | 憲法よもやま講座部会 | 「よも講」の企画と開催 |
| | 会計 | 予算の立案・管理、金銭の出納・管理 |
| 運営委員会 | | 各部部長・事務局長・実行委員長で構成。全体の連絡・調整 |

よい」ということであった。「組織」というと官僚主義や統制、あるいは個人が「組織」の歯車にされることをイメージし、それを嫌う傾向があったようである。

現在、実行委員会の体制は表3のとおりであり、それなりに機能的に動いている。

しかし、やはり生身の人間や、その集団は一筋縄ではいかない。部会制度を採用したからといって、全てうまくいくわけではない。たとえばセクショナリズムである。縄張り争いのような膨張的セクショナリズムならよい（？）が、憲フェス実行委員会には何の利権もないので、それは起きない。作業を押しつけ合うような収縮的セクショナリズムがほとんどである。また、部会と部会のすきまに入り、抜け落ちてしまうことも出てくる。やはり全体を見渡して気配りをするまとめ役が必要である。そのうえ、実動の実行委員の絶対数が減ると、役割分担自体が成り立たない。

そんなわけで、実行委員会では悩みが尽きることはない。それでも、その時々にメンバーは入れ替わりながらも、必ず誰かが出てきて、何とかする。もともと会則も規約もないので融通むげであり、人数も多くないから気ごころが知れている（その意味で、部会制度反対論は杞憂であった）。それで二〇年間やってきたし、おそらくこれからもそうだろう。みんな憲法と憲法フェスティバルが好きなのである。

（下林　秀人）

## 6　人脈こそ命?!

最近は、それぞれの実行委員も、他の地域、たとえば地元での集会の企画に関わったり、私のように弁護士会での企画に関わったりすることも多く、そのとき、憲法フェスティバルで培った人脈が、いい意味で活かされてくる。水島朝穂さんや、姜尚中さんや、松元ヒロさんとは、やはり憲法フェスティバルに出演していただいた縁で、その後も、違う集会にも出ていただいたりしている。また、舞台監督や手話通訳、そして他の集会の運営者の方々にも縁ができている。

また、憲法フェスティバルの歴史を振り返ると、なかなか、大した活動してきているなあ、と思うときがある。メディアでも見かける錚々たる方々が出演してくれているし、映画や音楽も満載だ。よく、他の運動をやっている人たちから、「いやあ、憲法フェスティバルは、いつも大したもんだよねえ」なんてことは、実行委員なら言われたことが何回かあるのではないかと思う。言われた方の実行委員は、「とんでもない」と心の中でつぶやきながら、苦笑いを返す、とい

よびかけにこたえて集まったフェスティバルシンガーズ（第７回）

う感じだと思う。なぜなら、財力なし、コネなし、組織動員なし、ただただ、人の繋がりがあるのみ、それが偽らざる実体だからである。

人の繋がり、縁《えん》、ネットワーク、人脈、どのような呼び方でもいいが、集会というのは、人が話し、人が集まって聞く、という基本からすれば、そういう人間関係の連続が大事、いわゆる草の根というのもそういうことを指すのだと思う。

この人の繋がり、人の縁は、「持たざる者」である私たちにとって、最も大事なものと思う。今般、改憲手続法（国民投票法）において、テレビにおける有料広告は、投票日二週間前程度の禁止にしようという提案がなされている（二〇〇七年三月現在）。実際、テレビCMには、最低数億円かかるということで、圧倒的に資金を有する者が有利である。インターネットの検索システムにおいても、一定のワード、「改憲」とか「靖国問題」とかは、機能しないようにされているという。自主規制なのか強制なのかはわからない。いずれにせよ、商業マスメディアを動かす資金力もない私たちは、インターネットの利用すら、制限される方向に今追い込まれている。

このような時代に、私たちの表現の自由は、自分たちでビラをまき、自分たちで集まり、集まった人がさらに伝えていく、という当たり前のことしかない。人から人へ、真実を伝えていく。商業メディアでは伝えられない憲法問題の真実を伝えていく。これが、私たちのできることであり、しなければならないことである。それすら規制が及びつつある時代である。

公正中立だとか、政治問題はタブーだとか、団体と関係があるか、とか、何かと自分の意見を表明しない、どっちつかずがよし、とされてる時代ではある。そのような、メディア文化の悪影響に惑わされずに、きちんと意見を表明し、伝えていかなければならないと思う。いい戦争と悪い戦争があるとは思わない。戦争ができる国家になるのは反対だ。そんなことさえ、誰もテレビの世界では言わない。

憲法フェスティバルに出演していただいた、いわばメジャーな方々も、メディアではないが故に、自由な発言をしていただけていると思う。私思うに、今、真実を見据え、よく考えて、自由に発言すれば、状況に批判的になってしまうのは当然である。それを政治的と言われて何が問題あるのだろう。

自由というのは、どっちつかずのことではないはずである。真実を知り、自分の頭で考え、意見を表明する。それを参加者に聞いてもらう。

人脈というのは、実行委員と出演者の縁、だけではない。出演者↓実行委員↓参加者↓参加者の知人↓多くの人、と連関していく、繋がりのことである。それは人と人との信頼に支えられている。それが信頼をベースにちゃんと繋がっているから、自由にモノを言い、伝わり、広まっていくことに可能性があるのだと思う。人脈って大事だなあ。

（森川　文人）

## 7　やるっきゃない！——綱渡りの財政二〇年——

憲法フェスティバルの財政は火の車です。毎年お金のことでは頭が痛い。よくぞ二〇年続いたとほめてあげたい。会計からこぼれ話を！

ちなみに、私（北山）は一九九三年から参加。二〇〇〇年〜二〇〇一年と二〇〇六年〜二〇〇七年、そして二〇周年誌発行の会計担当です（自称「金庫番」）。

憲法フェスティバルはスポンサーを持たず、チケット収入とカンパだけで運営されています。チケット（前売り券と当日券）の販売枚数で赤字か黒字かが決まります。毎年一喜一憂です。

『憲法フェスティバル通信』に「カンパのお願い」を書くのが会計の大事な仕事です。「来年の会場予約金も支払うことができません。特に今年は、昨年の大赤字も抱え、フウフウ……青息吐

会場と一体となって、フィナーレで、手話コーラス「翼をください」を合唱（第20回）

息です。カンパよろしくお願いします。」（二〇〇〇年の『憲法フェスティバル通信』から）

通信の読者・弁護士・賛同人・当日参加者がカンパをしてくださいます。カンパの振込用紙（手数料まで負担してもらってます）に書かれている次のようなメッセージに元気をもらいます。実行委員会で発表すると、みんなで拍手。

「収入激減のため、少額で申し訳ありません」

「すこしづつですが、長くつき合いたいため、ムリのないカンパをしてゆきたいと思っていますのでご容赦ください」

「上記の金額を寄付します。今年のフェスティバルの成功をお祈りします。通信は毎回楽しく読んでます」

「高齢のため、出かけられなくなりました。皆様の健闘をお祈りします」

「九条を守るために、お願いします。介護が始まり外出が難しくなって、公演にはなかなか出席できそうにありません。頑張れ憲法フェスティバル！」

こうしたメッセージを目にすると、多くの皆様からお預かりしたお金、「一円たりとて無駄にできない」と身が引き締まります。

経費に関しては、毎年各部会（企画・組織宣伝・総務・憲法よもやま講座）が予算を立てます。その合計をチケット代金で割った金額がチケット販売目標数となります。

出演者の方々にもボランティア料金で出演していただいていますが、それでも会場費・通信費・チラシ・チケット等の印刷費の捻出に毎年四苦八苦です。

通信費の大半を占めるのは『憲法フェスティバル通信』の発行です（印刷部数は毎回約一三〇〇部）。多くの方に読んでもらいたい、でも費用がかかる。そこでいろいろ工夫。総務・会計担当は、安い封筒やノリを探して買いに走り、送料が一円でも安くなるよう運送業者と何度も値切り交渉をします。組織宣伝部会は、集まった原稿、写真等を切り貼りし、印刷はある法律家団体の事務局の輪転機を借り（ご厚意で無料）、みんなで印刷し、封筒づめをします。まさしく手作り！

たいていの年は若干の黒字か赤字ですが、それでも多額の赤字が出る年があります。赤字が出ると会計の胃が痛くなるだけでなく、実行委員一同元気がなくなり、士気に影響します。そんなときは、翌年度、気持を切り替えるのが大変。「ここが踏ん張りどころ」を合い言葉に何度も奮起してきました。

大きな赤字が出た年が五回あります。第九回（一九九五年）、第一三回（一九九九年）、第一六回（二〇〇二年）、第一八回（二〇〇四年）、第一九回（二〇〇五年）です。

第九回（一九九五年）は「護憲ｖｓ改憲」のディベート。少し時代の先取りだったか、観客は五〇〇人と今ひとつ。第一三回（一九九九年）は、障害者をテーマにした映画「どんぐりの家」を上映。良い内容だったのですが、やはり入場者数が伸びませんでした。「みんながんばったのに……がっかり！」。この二回は赤字だったけれど、新しい感覚を盛り込んだり、新しい分野にアプローチしたり、実行委員会としては意義のある内容だったと評価しています。

大赤字を出すと、翌年度が大変。第一三回に赤字を出した後、第一四回（二〇〇〇年）のための会場予約金三〇万円がありませんでした。さあ困った！　苦肉の策として、第一四回のチケット収入が入ってくるまでの一ヶ月間、実行委員数人から借入れ。皆、背水の陣で臨みました。幸い、この年は黒字で無事返済。

問題は、第一六回（二〇〇二年）、第一八回（二〇〇四年）、第一九回（二〇〇五年）の三回。

第一六回（二〇〇二年）は、企画も良く、チケット普及にも力を入れてみんながんばったのに、大幅に帳尻があわないという事態になってしまいました。これは、会計をキチンと組織的に管理しなかった運営のずさんさに問題があったと思います。

第一八回（二〇〇四年）・第一九回（二〇〇五年）の二年は憲法フェスティバル始まって以来の危機的状況になりました。実行委員会の運営もはっきりせず、責任ある体制がとれなくて、実行委員の足並みもそろいません。チケットの普及もほとんどできず、経費も収入の見通しを考えないどんぶり勘定でした。当然財政に跳ね返ってきます。この二年でそれまで貯めてきた繰越金も使い果たし、翌年度の開催も危ぶまれる状態（会場の予約金も無い）になりました。実行委員会を辞めていった人も出て、体制の面でも最大のピンチ。

しかし、ここが踏んばりどころ。「僕は一人でもやる」と宣言して残った人。「カムバックするか」と戻ってきた人。そして新しいメンバーで、教訓を胸に「やるっきゃない！」と再起をかけて第二〇回（二〇〇六年）に取り組み成功。そして二〇周年誌発行。

何回かのピンチもあったけど、その都度なんとかみんなで乗り越えてきました。綱渡りの財政二〇年でしたが、「継続は力なり」です。また、皆様の喜んでいただける顔や励ましのお言葉を宝に次の二〇年をめざします。

（北山　紀子）

# Ⅳ 〈憲フェス実行委員〉って何だ？

――憲法フェスティバルと私――

# 何のご縁か実行委員

平出　吉茂

　桃栗三年、憲フェス八年というが、私が憲法フェスティバル実行委員会へ加えてもらってから八年がたった。実を結んだかどうかは分からないが、それなりのことはあったので、ここにその幾つかを書いてみることにした。

　唐突だが、マザー・テレサの伝記を読んだことがある。それによると、なんで彼女がインドの貧民窟に生涯をささげるようなことになったのかというと、ダージリンという町へ黙想に行く途中の汽車のなかで「神の啓示を受けた」のだと述べている。この八年、いや私の人生そのものには、そのようなことはなかった。私の希望や野心とは裏腹に、ある日、ふり向くと、いつの間にか名もなく貧しい障害者運動やボランティア活動の渦中にいた。憲法フェスティバルもしかりである。

　私が憲法フェスティバル実行委員会へ入った一九九九年（第一三回）は、別掲に詳しく書かれているとおり、障害者運動をテーマにしたアニメ映画「どんぐりの家」の上映が企画されていた。しかし製作会社を通して上映すれば大金がかかる。そこで、どこで聞き知ったか私に声がかかっ

実行委員の面々（第13回）

た。私はこの映画の製作基金の賛同人として、映画の上映権を持っていたのである。つまり私本人よりも、私が持っていた映画の上映権の方が重要であったわけだ。

ところが、この年は集客率がわるく、かなりの赤字が生じてしまい、翌年の開催が危ぶまれた。そのため実行委員各人から拠出金を集めることになった。収支うんぬんは私にはかかわりのないことであり、私はこの年かぎりで実行委員は降りる気持でいた。ところが私にも拠出金が割り当てられ、実行委員を辞めるに辞められなくなってしまった。これは大げさに云えば、憲法の精神にもそむく行為ではなかろうかと、私はひとり思ったものである。

これも唐突だが、私は当時、東京消防庁に禄を食んでいた。反戦自衛官は有名だが、反戦消防官、反戦警察官というのはいるのだろうか。

憲法フェスティバル実行委員会には何人かの弁護士

舞台の設営（第12回）

がいる。この八年間は、この弁護士というものへの認識を改めさせられた八年間であったともいえる。それは私が子どものころからイメージしていたペリー・メイスンでもなく、「アラバマ物語」のグレゴリー・ペックでもなく、テレビや映画の加藤剛や若山富三郎、女性では岩下志麻や河内桃子でもなかった。実行委員になってしばらくたったころ、弁護士事務所にながく勤めていた先輩実行委員の孝子さんが「弁護士ッて、ふつうの人だよ」と教示してくれた。

それでは、その「ふつうの人」とは、どういうことかと云うと……、紙面の都合で詳細は次の機会にゆずりたい。ただし、それをどう書こうが、この二十年間、憲法フェスティバルを土台で支える礎石であり試金石であったのは、この数少ない弁護士の方々であったことはまちがいない。毎年、憲法フェスティバルの開催へ向けて、私のような在野の者とともに剣ケ峰を歩んできてくれたことに感謝している。

「弁護士ッて、ふつうの人だよ」とアドバイスしてくれた孝子さんが胃癌を患った。それとほぼ併行して私も心臓発作で倒れ、病院は異なるが二人とも入院生活を送ることになった。孝子さんはスキルス性でかなり転移しており、私も救命率四〇パーセントの世界をさまよっていた。二人とも何度か手術と入退院を繰り返した。そんなある秋、孝子さんが病院を抜け出して、何度目かのカテーテルを終えて退院したばかりの私の家へ来て、台所に立って健康食だという料理を何品か作ってくれた。彼女はその翌年の春に亡くなった。

私は何とか今でもこうしている。孝子さんの分まで生きねばといった考えはおきないが、ただ「言うなかれ、君よ、わかれを、世の常を、また生き死にを」と大木惇夫の詩ではないが、このときほど人間の別れと生き死にをふかい情感を以って感じたことはなかった。その日に写した孝子さんの写真は、今も私の部屋にある。

最後に、かなり私的なことだが、この八年間、憲フェス本番に気軽に駆けつけてくれ雑用を手伝ってくれたボランティア仲間に、この場をかりて「ありがとう」の気持ちを伝えたい。

# 実行委員会に恐るおそる出てみたら

高岡　久子

夫に誘われ一観客として憲法フェスティバルに参加したのが運のつきでしょうか。椎名誠や木村普介弁護士に、ジェームス三木に会えるかも……。実は大変不純な動機から会場アンケートの「実行委員になってみませんか？」というお誘いに、「私でもできることがあれば……」「でも、年齢を見たらきっと断られるよね……」そんな気持ちを書き込んで半年経ったある日、実行委員会開催のご連絡を頂きました。

どきどきしながら恐るおそる出席した実行委員会でした。前職場では、学習会、講演会を企画するなど、個性的な人、ユニークな人、学者研究者、弁護士、サラリーマン、自治体職員、一主婦等々の実行委員会方式を経験していましたので、何とかすんなり入ってゆけそうな気がしてはいたものの、憲フェスに対する私の印象は、切れ者の弁護士の方を中心に、広い人脈で理路整然とした指揮の下に作られているのではないかという印象でしたから、あけてビックリ、想像とぜんぜん違うじゃん!!　時間に関係なくだらだらと（ごめんなさい）集まってくる実行委員？の方たち、それぞれ勝手なことを喋っているなーという第一印象。毎年会場をいっぱいにするあのイ

聴き入る参加者（第10回）

ベントをたったこれだけの人数の人たちで作っているの！というのが正直な驚きでした。実行委員全員が揃うことはなく、いつも時間との勝負。それがどこをどうやりくりしてか、多くのボランティア、応援団に支えられて、「火事場の底力」的にあれよあれよという間に結集してしまうのですから不思議でした。

人が財産、人と人のつながりこそが憲フェスの醍醐味なんだと実感している二年生の私ですが、資金もスポンサーも持たない手弁当の素人集団、「みんな何でこんなに燃えるのかな？」「どうしてこんなに一生懸命頑張るのかな？」という疑問の答えは、つまり人間大好き、そして「日本の美しい憲法」大好き人間の集まりなのだというのが二年目の結論でした。

私もその一人。もう歳ですから、フウフウ言いながらも辞められそうにないですね。二〇年の歴史が作り上げてきた賛同人やさまざまな協力者の方々、驚くべき人脈を大切にしつつ、地に足をつけて暮らす多くの「人の愛」が私と憲法フェスティバルのテーマです。

# 会社人間が仲間を見つけた

佐藤　博和

　ずっと会社人間だった。社会の動きに関心がないわけではないが、自分が動いて何かしようとは思わなかった。暗いニュースは多いが何とかなる、日本の社会がそんな急に変わるとも思えなかった。イラク戦争で何かが変わった。それまで個別に捉えていた暗いニュースが意識の中でつながり始めた。日本は本当に戦争をする国になってしまう。二〇〇三年五月、イラク戦争反対の声の一時の盛り上がりの余韻と、結局戦争が始まってしまったという虚脱感の中で、初めて憲法フェスティバルの会場にいた。自分がなにをするべきか模索しながら、恐らくは思いつめた表情で聞き入っていたと思う。

　忙しい日常の中で、熱い気持ちは長くは続かない。半年余りがすぎ、いつしか日本が協力している戦争が継続していることにさえ慣れはじめたころ、実行委員会のお誘いの手紙が届いた。半年前、高ぶった気持ちの中で「実行委員をやってもよい」とアンケートに書いてしまったのかもしれない。「実行委員会がありますのでご参加下さい、場所は……」シンプルきわまりない文面だった。参加するかどうか決めかね、それでも多少は気にかかるところもあり鞄に手紙を持ち歩いて

ロビーで打ち合わせ（第９回）

いた。

　当日、出張先での会議が早く終わった。とりあえず行ってもよいかと電話してみると、予想していた事務的な対応ではなく「是非、お願いします」となんだか哀願調。行ってみると想像以上に少人数で、自分でも手伝えることがあるかと思い参加するようになった。

　半年ほどたち感想を求められた時の答えは「飲み仲間ができてよかった」。一〇〇％本気だ。会社人間にとって心おきなく楽しめる社外の飲み仲間は大事だ。楽しくなければ続かない。自分にとって必要だったから、いつのまにか実行委員も四年目になってしまった。

　憲法フェスティバルとは何か。それは字義通り「祭り」だと思っている。年に一度集まって盛り上がる。みんなで盛り上がることによってコミュニティーが維持される。ともに憲法に守られた仲間だと感じることができる。主権者として、ともに憲法を支えている仲間だと感じることができる。少しでも多くの人と共有できるそんな場をこれからも作っていきたい。

# 浪花節だよ!! 憲フェスは

井堀　哲

私は、五年目の「新進気鋭」の弁護士である。五年目にして、早くも事務局長の座につき、現在は実行委員長の座を虎視眈々とねらっている、というのは勿論ウソである。

弁護士登録をして、知らぬ間に憲フェスに入り、仲間とわいわいやっているウチに、他の有力弁護士に次々と「じゃ」と言って立ち去られ、それとは対照的にあれよあれよという間に重責を背負わされている。恐ろしい運動である。このような営みが、二〇年間も続いてきたというのだから、ぞっとする。

だいたい、人権だの、平和だのとのたもうて、集まってくる人間は、クセとアクにまみれた「濃ゆい人間」が多い。会議中も、自分の言いたいことだけしゃべって中座する者、遅れて来ておいてそれまでの議論をあっさりと覆して悦に入っている者、理想論ばかり言って何も手伝おうとしない者、他人の話を聞かない者、寝ている者、「憲法なんて難しくてわかんな〜い」という感じの者……。実に様々。人種のるつぼである。

ところが、現委員長の下林弁護士は、「これだから、市民運動は楽しくてやめられないね」とうまそうに、会議のあとの生ビールを飲み干す。その感覚は、私のように、育ちの良い（八王子生まれ八王子育ちの公務員の息子だが……）今どきの（？）若者（？？）にはピンとこない。もっとも、知らず知らずの間に自分も、他の人間に負けず劣らず、「濃ゆく」なっている。周囲の者曰く「あなたが一番偉そう」だそうです。

実行委員会自体はこんなにヨレヨレであるにもかかわらず、出演者の皆さんは豪華絢爛！美女と野獣。猫に小判。豚に真珠。ちょっと言い過ぎたかも知れぬが、とにかく不釣り合いきわまりない。これが憲フェスのおもしろさだろうか。

本番のあとで出演者も交えて交流会（第12回）

若葉薫る五月に憲フェス本番が無事終了し、出演者の皆さん&愛すべき（？）憲フェスの仲間たちと、生ビールを飲み干す。美味いんだなこれが。そうすると、「ま、もう一年やってみるか！」等と、心にもない言葉がつい出てしまう。

おそるべし、憲フェス。

# ヤクトク！　の三時間

北山　紀子

第一七回憲法フェスティバル（二〇〇三年）で、接待役の私はヤクトク！しちゃいました。一五時きっかり、加藤剛さん楽屋入り。背が高く、姿勢もよく、イメージどおり。にっこり笑って「俳優の加藤剛です。本日はお世話になります」。奥様もご一緒でした。楽屋では、ロビー販売する著書に一冊ずつていねいにサインする加藤さん。すかさず、持参した自分の本にサインをお願いする私。加藤さんがこの日のために書かれたエッセイの台本は手づくりで、なんと表紙には憲法フェスティバルのチラシが張ってありました。（感激！）

舞台終了後、加藤さんは私が作った赤飯のおにぎりを食べて下さいました。奥様は「おいしかったです。声を出す前は食べないものですから……。二個もいただきました」と言って下さり、加藤さんは「今日の私の舞台よりうまかったです」だって！（驚きと感激！）

お帰りの際、加藤さんご夫妻は「今日はお世話になりました。盛会で良かったですね。これからもがんばってください」と笑顔でごあいさつ。必死に手を振って見送る私でした。

# V

# 憲法フェスティバルへのエール

# 防波堤

ジェームス三木

敗戦直後の日本で、進駐軍はひとつの実験をしました。ラジオで「アメリカでは母の日にカーネーションを贈る」と放送したのです。その習慣はあっというまに、日本中に広がりました。進駐軍は日本人の高度な順応性を確認し、しめしめと思ったことでしょう。

日本人は千年以上もタテ書きだった文章をヨコ書きにし、歩きながらホットドッグを食うようになりました。最近ではイラク戦争への協力から、陪審員制度、法科大学院、首相補佐官、道州制と、何もかもアメリカの真似ばかり。CIAに睨まれると、首相になれないのが政界の常識だそうです。

アメリカの世界戦略は対中国に絞られ、日本、韓国、台湾を極東の防波堤に見立てています。日本政府に〔憲法改正〕をけしかけるのは、有事の際の戦死者を、日本軍に肩代わりさせるためです。アメリカは日本国内に軍事基地を置き、自衛隊との合同軍事演習を、すでに始めているではありませんか。

（脚本家）

# 先駆的な文化企画の更なる発展を！

横井久美子

二〇年前、弁護士の方々が、市民と手をつなぎ、憲法をもっと身近に、わかりやすく、楽しくと、熱い想いではじめられた「憲法フェスティバル」。その第一回目に出演させていただいたことを誇りに思います。現在、私たちは、二〇年前とはちがう更なる「憲法の危機」を迎えています。憲法の危機は、「人間の危機」です。人間が危機を迎えているから憲法が危機なのです。今、日本の隅々から人間破壊の悲鳴が聞こえてきます。憲法の危機を救うには、人間を取り戻すことです。人間を取り戻すには、各種の法整備と併せて、人間として「生きる力になる文化」が必要です。その中でも人間が集うこと――「ライブ」は、人間が人間を癒す場、人間を取り戻す場になるのだと思います。私は歌手として「平和を歌うことは人間を歌うこと。ライブは私の宝物」と考え、歌ってきました。先駆的な文化企画「憲法フェスティバル」の二〇年に敬意を表すとともに、更なる発展を祈ります。

（シンガーソングライター）

# 未完の市民革命を完成させるために

森　英樹

憲法フェスティバルが二〇周年と聞きました。長きにわたるご奮闘に敬意を表します。二回ほど招かれてお話しする機会があった者としても、感慨ひとしおです。とはいえ時代は、安倍政権下で本気印の改憲の嵐。対する元気印の貴フェスタも正念場です。二〇年といえばかなり長い活動歴ですが、日本国憲法が六〇年の「還暦」を迎えたこととの対比では、まだま だ「成人」を迎えたばかり、とも言えましょう。かくいう私が二〇代から昨年まで事務局長を務めてきた愛知憲法会議の伝統行事、憲法記念日「市民のつどい」は、はや四〇回を超えました。憲法運動を楽しく進めるというスピリットを共有する「友人」としても、熱いエールを送ります。

考えてみたら、憲法を護り活かす運動を政府がなさず、市民がこれを行うというのは、本末転倒なのですが、市民革命以来の歴史に照らせば、これもまた正道といえましょう。未完の市民革命を担いつつ、歌う明日をめざして、ともに奮闘を続けましょう。

（名古屋大学名誉教授・龍谷大学教授）

# 「憲法くん」生まれる

松元　ヒロ

この憲法フェスティバルから『憲法くん』が生まれました。憲法くんはその後、全国をまわり共感の声に励まされ、益々元気に飛び回っています。この憲法くんが元気なうちは『お笑い』も楽しく演れます。でも、安倍首相が「今の時代に合わなくなったから憲法を変える」と本気で改憲を準備し始めました。

冗談じゃない。憲法は庶民のものです。主権者である国民の権利、人間として当然の権利を高らかに謳ったものです。『憲法くん』で全国をまわっていて、「今の時代に合わなくなった」どころか「今の時代だからこそ」の声を多く聞きます。安倍首相が言いたいことを正しく言えば「今の政府に合わなくなったから憲法を変える」です。ということは逆の選択肢もあります。「憲法に合わなくなったから今の政府を変える」です。

多くの人びとを殺し、また殺されて、その反省からやっと生まれた『憲法』くんです。先輩や隣人たちの死を無駄にしてなるものですか。

（スタンダップ・コメディアン）

# 「憲法施行五〇周年の夜」のこと

水島　朝穂

一〇年前の第一一回憲フェスでは、コントグループ「ザ・ニュースペーパー」と、「憲法施行五〇周年の夜」という企画をやった。私のコンセプトは、昼よりも「夜」の視点で、建前よりも「本音」に近いところから憲法五〇年を考える。そして「明日のザ・ニュースペーパー」という視点。「近未来の新聞」に載ることを先取り的にコントにする。私もシナリオを書いた。松崎菊也さん、松元ヒロさんなど当時のメンバーと、駒込の稽古場で、膝詰めで練り上げていった。全一一場には、「基地はどこへいく」「日の丸問題」「代用監獄の夜」などと並んで、「盗聴法の夜」「淫行条例」といった、当時まだ表に出ていなかった通信傍受法や都条例を予測するコントも含まれていた。ラストは、「憲法くん」。稽古場近くの居酒屋で、ヒロさんが私に語った。「先生、憲法前文を詩のようにできませんか」。「これだ！」と思った。本番でヒロさんはメモを捨て、憲法前文を暗唱しきった。九七年憲フェスでは、みんなの思いが「化学反応」を起こしていた。いま思い出しても、不思議な瞬間だった。なお、シナリオの一部は『法学セミナー』（一九九七年七月号）の拙稿参照のこと。

（早稲田大学教授）

# 今を生きるものの責任

伊藤　真

憲法フェスティバル二〇年おめでとうございます。私事で恐縮ですが、先日、『夢をかなえる時間術』（サンマーク出版）という本を出しました。自分なりに時間や時の流れというものを見つめ直したかったからです。この憲法フェスティバルも二〇年。日本国憲法は施行されて六〇年です。人権や立憲主義という人類の英知を生み出してきた人たちはもうこの世にいません。日本国憲法制定に関わった方々の多くも他界されています。人の命は有限ですが、憲法に具現化された価値、志は無限に続くべきものです。自分の限られた命の中で次に生まれてくる命のために私たちに何ができるのか、次に引き継ぐべきものはなんなのか、そうした人類、地球の生命という大きな視野と長い歴史的視点が大切だと思っています。憲法価値の蹂躙などの目先の理不尽に落胆することなく、その先にめざすべき大きな理想の実現を強く心に思い描いて生きていきたいと思います。

（法学館塾長）

## 九条は空気のように

池田香代子

国が戦争をすると殺人が増える――D・アーチャー教授の説です。六〇年以上、戦争をしなかったこの国では、世界に例を見ないほど殺人事件が少ない。

国に戦争を禁止した憲法は、わたしたちの日常を空気のように守っているのです。

この空気が汚されて初めて気づくことのないよう、いま一人ひとりが思いを声にしてください。

（ドイツ文学翻訳家）

## 誓いと手向け

加藤　剛

憲法フェスティバルはその発足以来、日本の行手を照らす灯台のあかりとして木下恵介監督の

詩を掲げ続けてこられました。「せめて　せめてです」と筆を起こされて二十年。そして九年前、これは監督のラストメッセージとなりました。

虐殺と侵略の二十世紀半ばにして、人類史が到達し得た最高の英知、日本国憲法。平和憲法そのものが「誓いと手向け」なのです。その日本国憲法が還暦を迎え、その長い歴史にふさわしい尊敬をはらってもらえなくなりました。「もともと戦勝国の押しつけ憲法で、もはや現実とかけ離れた理想論」と声高な言説。理想という言葉が堂々と否定的に使われ出したのは恐ろしいことです。理想のない憲法などありません。憲法はその国の哲学体系なのですから。

今や灯台は荒波を受け、大津波がはっきり見えてきました。では果たして日本国憲法はＧＨＱの押しつけ憲法であったのでしょうか。今まで語られたことのない現代史を開き検索検証し緻密に反証する映画「日本の青空」がこの三月完成しました。憲法制定前夜、その草案を起した日本の男たち。彼等を賢く支え、参政権を手にした厖大な「不戦の母」たる女たち。あの時は確かにあった青空。今や遅すぎた青空では――と私たち出演者は祈る気持でカメラの前に立っていました。

（俳優）

## ［附］ 憲法よもやま講座の開催

憲法フェスティバルで「憲法よもやま講座」（通称「よも講」）を始めたのは一九九四年七月からです。フェスティバル本番の回数でいうと、第七回の後です。

実行委員会に参加する市民の中には、憲法そのものや実際に社会で起きていることについてもっと知りたい、学びたいという要求を持っている人が少なくありません。しかし、ふだんの実行委員会では、何か一つのテーマについてじっくり話を聞いたり、学んだりするのはなかなか困難です。また、具体的な事件や社会問題が起きている現地に行ったり、史跡を訪ねるということもできません。

そこで、実行委員会では五月のフェスティバル本番やふだんの会議とは別に、年に三～四回学習会を開催するようにしました。それがよも講です。よも講は五月の本番と同じように誰でも自由に参加できます。

よも講の開催経過とそれぞれのタイトル・内容・講師（又は案内者）は、「表4　憲法よもやま講座　開催経過」のとおりです。

よも講はこれまで五一回開催してきましたが、内容的には大きく四つのグループに分けることができそうです。

一つは、憲法と関係が深いそのときどきの重要問題について学習することです。第二四回「新ガイドライン関連法」、第三三回「テロ・報復戦争・自衛隊派兵」、第四五回「憲法と刑事司法のゆくえ——本当は怖いあの法改正——」などがこれにあたります。

二つめは、具体的な事件について話を聞いたり、お互いの経験を交流し合って見聞を広げることです。第三回「ムスタンの真実と現代日本のジャーナリズム」、第二七回「軍国少女からI LOVE 憲法へ」、第三〇回「森川金寿おおいに語る」などがこれにあたります。

三つめは、音楽などの芸能に親しむことです。第一八回「マルセ太郎のBe動詞」、第二九回「コントDe憲法」、第四〇回「Live & Talk 俺は在日関西人」などがこれにあたります。

四つめは、外に出かけていって見たり、聞いたり、作ったりすることです。第一二回「陶芸工房『でくの房』訪問」、第二二回「人生に絶望はない——ハンセン病一〇〇年のたたかい——」、第四七回「ちひろをみにいこう」などがこれにあたります。

今ではよも講は憲法フェスティバルにすっかり定着し、「実行委員会には行かないが、よも講には参加する」というよも講ファンもけっこういます。これからもユニークで楽しく、参加しがいのあるよも講を開催していきたいと思います。

（下林　秀人）

## ［附］ 憲法よもやま講座の開催

表４　憲法よもやま講座開催経過

| 回 | 年月日 | 会　場 | タイトル | 講師 又は 案内者 |
|---|---|---|---|---|
| 1994年 | | | | |
| 1 | 7. 2 | 神田パンセ | 現代の人権 ―「じん肺」を通して― | 小野寺 利孝（弁護士） |
| 2 | 7. 9 | 東京都勤労福祉会館（八丁堀） | 市民と司法―裁判官不採用問題を通して― | 神坂 直樹（司法修習修了者） |
| 3 | 10. 1 | 岩波セミナールーム | ムスタンの真実と現代日本のジャーナリズム | 小松 健一（フォトジャーナリスト） |
| 4 | 11.12 | 内神田社会教育会館 | 「読売改憲試案」の問題点 | 海部 幸造（弁護士・実行委員） |
| 5 | 11.27 | 日の出町谷戸沢処分場ほか | 日の出ゴミ処分場 ―見学と交流― | 田島 喜代恵（地元市民） |
| 6 | 12. 10 | 南新宿法律事務所 | 「読売改憲試案」の批判的検討 | 金子 勝（立正大学教授） |
| 1995年 | | | | |
| 7 | 9. 2 | 南新宿法律事務所 | 少年えん罪「草加事件」 | 金 竜介（弁護士・実行委員） |
| 8 | 10. 7 | 南新宿法律事務所 | 日の出ゴミ問題のその後 | 樋渡 俊一（弁護士） |
| 9 | 12. 3 | リゾート伊豆（伊豆大川） | 沖縄の現状（報告） | 森川 文人（弁護士・実行委員） |
| 1996年 | | | | |
| 10 | 3.7~3.9 | 沖縄（各地） | 基地見学、戦跡めぐり、現地シンポジウム | 現地の反戦地主・弁護士 |
| 11 | 7. 6 | 南新宿法律事務所 | 沖縄基地問題の現在 ―最高裁大法廷弁論を控えて― | 榎本 信行（弁護士） |
| 12 | 7. 14 | でくの坊（横浜市港北区） | 陶芸工房「でくの房」訪問 | 荒井 富美子（でくの房あるじ） |
| 1997年 | | | | |
| 13 | 6. 21 | 南新宿法律事務所 | 段ボールハウスから見た東京（ホームレス問題） | 森川 文人（弁護士・実行委員）・「新宿連絡会」有志 |
| 14 | 7. 6 | でくの坊（横浜市港北区） | 陶芸工房「でくの房」訪問（第２回） | 荒井 富美子（でくの房あるじ） |
| 15 | 10.18 | 南新宿法律事務所 | 新ガイドライン（日米防衛協力のための指針） | 海部 幸造（弁護士・実行委員） |
| 1998年 | | | | |
| 16 | 1.17 | 南新宿法律事務所 | 沖縄米軍基地で働いて | 間嶋 信子（実行委員） |
| 17 | 3.14 | 全国高校家庭クラブ | 命さえ忘れなきゃ | 朴 慶南（エッセイスト） |
| 18 | 6.20 | シニアワーク東京 | マルセ太郎の Be 動詞 | マルセ太郎（ボードビリアン） |

| | | | | |
|---|---|---|---|---|
| 19 | 7.25 | 南新宿法律事務所 | 少年司法が危ない（少年法問題） | 村山 裕（弁護士） |
| 20 | 11.14 | 南新宿法律事務所 | 「家裁の人」に聞く | 安倍 晴彦（元裁判官） |
| | 1999年 | | | |
| 21 | 3. 6 | 文京シビックセンター | 介護保険 | 石川 芳郎（研究者） |
| 22 | 6.13 | 国立ハンセン病療養所多摩全生園 | 人生に絶望はない —ハンセン病100年のたたかい— | 平沢 保治（全生園入園者自治会会長） |
| 23 | 7.17 | 文京シビックセンター | ドメスティック・バイオレンス | 川野紀代美・西川けい子（埼玉おんなのシェルター世話人） |
| 24 | 11.13 | TOKYO大樹法律事務所 | 新ガイドライン関連法 | 岡田光久（全日赤書記長）・海部幸造（弁護士・実行委員） |
| | 2000年 | | | |
| 25 | 6.17 | TOKYO大樹法律事務所 | 少年えん罪「草加事件」 | 金 竜介（弁護士・実行委員） |
| 26 | 7.15 | 米軍麻布基地 | 都心の米軍基地の実態 | 板倉 博（麻布米軍ヘリ基地撤去実行委事務局長） |
| 27 | 10. 9 | まほろばマインズ（三浦海岸） | 軍国少女から I LOVE 憲法へ | 猪狩 和子（実行委員） |
| | 2001年 | | | |
| 28 | 3. 3 | 労働スクエア東京 | 詩の朗読会 | 浅見 洋子（詩人・実行委員） |
| 29 | 6.23 | 文京シビックスカイホール | コントDe憲法 | 松元 ヒロ（スタンダップ・コメディアン） |
| 30 | 7.14 | TOKYO大樹法律事務所 | 森川金寿おおいに語る | 森川 金寿（弁護士） |
| 31 | 9.30 | まほろばマインズ（三浦海岸） | 障害者運動の中で | 平出 吉茂（実行委員） |
| 32 | 10.20 | TOKYO大樹法律事務所 | テロ・報復戦争・自衛隊派兵 | 内藤 功（弁護士） |
| | 2002年 | | | |
| 33 | 2. 2 | 文京シビックセンター | ライブ～不思議な歌声 | 阿里耶（シンガーソングライター） |
| 34 | 4.20 | TOKYO大樹法律事務所 | 有事法制 | 馬奈木 厳太郎（早稲田大学大学院） |
| 35 | 6.15 | 高尾山・幸友山荘 | 深緑の裏高尾を歩く —高尾山（縦貫道）訪問— | 荒川亘・橋本良仁（地元市民） |
| 36 | 7.13 | 豊島区民センター | コスタリカ報告 | 田部 知江子（弁護士・実行委員） |

| | | | | |
|---|---|---|---|---|
| 37 | 7. 20 | 文京シビックセンター | 石油のはなし | 岡部 敬一郎（コスモ石油社長） |
| 38 | 12. 7 | 新宿スモンセンター | 日朝問題をどう見るか | 山本 真一（弁護士） |
| | 2003 年 | | | |
| 39 | 3. 29 | 文京シビックセンター | やさしいことばで日本国憲法 | 池田 香代子（ドイツ文学翻訳家） |
| 40 | 6. 28 | 文京シビックセンター | Live&Talk 俺は在日関西人 | 趙 博（シンガーソングライター） |
| 41 | 9. 13 | 靖国神社・遊就館 | 靖国神社に行ってみよう | 吉田 裕（一橋大学教授） |
| | 2004 年 | | | |
| 42 | 3. 27 | 食糧会館 | おかしいぞ教育委員会！みんなで考える性教育（七生養護学校） | 川原井 純子（教諭）・保護者・弁護団 |
| 43 | 6. 19 | 明治大学リバティタワー | ジャーナリストとして平和を考える | 伊藤 千尋（朝日新聞記者） |
| 44 | 12. 4 | 第五福竜丸記念館 | 第五福竜丸を見に行こう | 安田 和也（財団法人第五福竜丸平和協会事務局長） |
| | 2005 年 | | | |
| 45 | 3. 5 | 文京シビックセンター | 憲法と刑事司法のゆくえ ―本当は怖いあの法改正― | 小田中 聰樹（専修大学教授） |
| 46 | 6. 11 | 文京区民センター | 「死刑台からの生還」名張毒ぶどう酒事件 | 神山 啓史（弁護士） |
| 47 | 7. 16 | ちひろ美術館 | ちひろをみにいこう | 松本 善明（弁護士） |
| | 2006 年 | | | |
| 48 | 1. 28 | 文京シビックセンター | 改憲がなぜ「改革」なのか？―自民党の新憲法草案から見えるもの | 笹山 尚人（弁護士） |
| 49 | 6. 24 | 文京区民センター | 子どもの人権を考える | 坪井 節子（弁護士） |
| 50 | 7. 22 | 女たちの戦争と平和資料館 | 「女たちの戦争と平和資料館」訪問 | 西野 瑠美子（館長） |
| 51 | 12. 16 | 東京麻布台セミナーハウス（大阪経済法科大学） | 裁判員制度ってなんだ？ | 髙山 俊吉（弁護士） |

# 憲法フェスティバルにご賛同いただいている方々

秋山ちえ子　浦田賢治　小室 等　田島征三　古川 純　山内 久
飯島滋明　瓜生正美　小森陽一　俵 義文　本多勝一　山崎朋子
五十嵐太郎　永 六輔　早乙女勝元　趙 博　前田 朗　山田昭一
池田香代子　大石芳野　桜井昌司　土本典昭　増田れい子　山田洋次
池辺晋一郎　大江志乃夫　佐藤 司　寺島アキ子　松永伍一　横井久美子
石川文洋　大谷昭宏　佐藤光政　外山雄三　松元ヒロ　吉岡しげ美
伊藤 真　小田中聰樹　佐藤好美　永井憲一　丸木政臣　吉永小百合
稲垣 純　加藤 剛　ジェームス三木　中西和久　水島朝穂　吉原公一郎
井上ひさし　金子 勝　杉原泰雄　朴 慶南　村井敏邦
今崎暁巳　鎌倉孝夫　祖父江孝男　針生一郎　本尾 良
梅田欽治　川田悦子　滝田裕介　針生誠吉　森 英樹
浦田一郎　銀林美恵子　田口富久治　深瀬忠一　森住 卓

（これまで憲法フェスティバルにご賛同いただいたことのある皆さん全員に改めてご連絡を差し上げ、ご了解をいただいた方々のお名前を掲載させていただきました）

# 編集後記 ——個人的思いを交えて——

海部　幸造

以下に、少し個人的な思いや、本文に書きもらしたことを述べて、編集後記にかえたい。

現在憲法フェスティバルの責任者を務める下林さん（第二代の責任者を務め、昨年第五代として復帰）から、「憲法フェスティバルは来年二〇回。ついては二〇年誌を作りたい。責任者をやって欲しい」と言われたのは、二〇〇五年の春頃のことだった。

第一回からのことを知っていて、現在も多少なりとも憲法フェスティバルに関係をしているのは私だけだったので、「引き受けない訳にはいかないのだろうなァ」と覚悟をした。そして、どうせ二〇年誌を作るなら、たんに記録として残すだけでなく、これからの憲法フェスティバルに励ましになり、さらには、現在の憲法状況の中で、草の根の憲法運動になにがしか参考にしてもらえるものができたら嬉しいと思った。

思えば、二〇年前、まだ弁護士五年目で、「青年弁護士」といってもそれほどおかしくなかった（??）私は、ひょんな事から憲法フェスティバルの責任者を引き受けるハメになった。その後、井堀さんが書いているように（Ⅳの「浪花節だよ‼憲フェスは」）、「仲間とわいわいやっているウチに、他の有力弁護士に次々と『じゃ』といって立ち去られ」というのは、今も昔も変わらない風景なのである。しかし、世の中、うまくしたもので、「捨てる神あれば拾う神あり」で、ちゃんと手を差しのばしてくれる先輩が出てくるものであり、憲法フェスティバルは二〇年間何とかタスキをつなぐことができてきた。

私は、他の法律家団体の仕事をすることになって、第六回から、責任者を下林さんに受け継いでもらい、その後は細々と関係を保ちつつ憲フェス当日のお手伝い程度の、「隅の隠居」状態となっていた。それが、この二〇年誌の編集に関わることになった。

この本を作るために、編集委員みんなで散逸していた資料を集め、憲フェスの時々の内容、評価を巡って話し合い、議論をした。自分たちが積み重ねてきたことの意味を、反省すべき点も含めて分析し確認する作業は、大変ではあったが、楽しいものでもあった。

今思い返しても、憲法フェスティバルの運動は、私にとって、しんどくもあったが楽しいものだった。憲フェスに関わることで、私はさまざまな人びとに出会い、たくさんのことを学ぶことができた。例えば、「草の実会」という、朝日新聞の「ひととき」欄への投稿をきっかけに一九五五年に生まれ、〝戦争は絶対に反対〟を柱として活動を続けてきた年配の（失礼！）ご婦人たちの会に出会った。こういう人たちがいたんだ！　この年齢で（失礼！）なんとみずみずしくもしっかりと平和と人権への思いを持った人びとだろう！　こういう人たちを「地の塩」というのだろうと思った。本当に頭の下がる思いだった。「草の実」の人びとばかりではない。こうしたさまざまな市民運動を地道に支えている多くの人びとに出会えたことは、世間知らずの私にはとても貴重なことだった。

こうした人びとと出会ったことばかりではない。憲フェスに関わることで私は様々に視野を広げられた。極めて具体的な例を挙げれば、私は「椎名誠」という作家の名前は知っていたが、憲フェスで出演をお願いするまで、その作品を読んだことはなかった。ゲストにお願いすることになって初めて『哀愁の町に霧が降るのだ』を読んでみた。そのホンネで語られる青春群像の面白さ！　以後次々と読み続けることになった。多くの学者、ジャーナリスト、作家、さらにはザ・ニュースペーパー、マルセ太郎等々といった皆さんとも、憲法フェスティバルで出会うことができた。

ここで、少し話がはずれるが、横浜の憲法劇について一言ふれておきたい。

東京の憲法フェスティバルの運動の作り方を考えるときに良く対比的に思い浮かぶのは、横浜の「憲法劇　がんばれッ！日本国憲法」である。

この横浜の憲法劇は、東京の憲法フェスティバルと同じ年に生まれ、同じ年に二〇歳を迎えた。小学生から七〇代のお年寄りまでの数十人の素人が舞台に上がり、その年々の人権や平和、民主主義に関わる出来事をオムニバス風に笑いと歌にのせて表現をする、「憲法ミュージカル」というべきものである。毎年大変元気の良い楽しくすばらしい舞台を見せてくれ、良い歌がたくさん生まれている。毎年舞台に上がる参加者を公募し、参加者が一年かけて題材となりそうないくつもの事件を学ぶ通年の学習会活動でもあり、本番では舞台に上がる人びとが自分の家族や友人にチケットを売って観客層を拡げるという、全く手作りの市民参加型の運動になっている。しかも楽しい。市民運動としてまことに良くできていると感心させられる。

もちろん運動の現場には苦労もあり、楽しいことばかりではないのだが、毎年頑張っている。東京の「憲法フェスティバル」にとっては誠によいライバルである。第一六回憲法フェスティバルの子どもたちの舞台はこの方式を一部取り入れたものであり、このときに演出を担当して下さった井上学さんは、じつは、長年横浜憲法劇の演出に関わってこられた方である。

こうした横浜型の運動が東京でもできないだろうかということは、時々実行委員会の中でも議論されたことではあったが、東京では基本的に、この本にあるような、いわばプロデュース型の運動を続けてきた。一つの地方・地域で成功した方式が他の地方・地域で成功するとは限らない。ある地方・地域である企画、運動のスタイルが成功するのは、その地域の広さや培われてきた特性、その地域の人材等の条件に規定されるのであって、同じようなことをすればどこでも成功するといったものではないのだろう。「東京砂漠」といわれる東京には、東京に見合ったスタイルがあるのではないか、それを見つけてゆくことも運動のありようだと考えている。

また話が変わるが、この本を作る議論の中で、あらためて、『『憲法フェスティバル』という名前はなかなか秀逸だなァ。この名前を考えたのは一体誰だ？」という話が出た。今となっては誰の発案だったかはっきりしない。この本の「Ⅰ　憲法フェスティバルの誕生」を書いた宮原さんだったのではないかと思い、たずねてみたが、「忘れたなァ、憶えていないなァ」とのことだった。

もう一つ、憲法フェスティバルでは第一回から二〇年間同じチラシのデザインを使っているが、これもちょっと大したことである。何年も使ってくると一目見ただけで「ああ毎年やっているあれね」ということで運動の認知度を高めるのに大いに役割を果たしている。これはじつは「瓢箪から駒」で、第二回以降ずっとこのデザインを使ったのは、第一回で作ったこのチラシが大変カラフルで評判が良かった事もあるが、もう一つの理由は、チラシ作りの費用を節約するために、第一回の時の印刷の版をそのまま利用して配色だけ変えたのである。それが思わぬ効果を生んでくれている。

まことに雑ぱくな文章になってしまったが、とにかく憲法フェスティバルは年輪を重ねて二十歳を迎えた。実行委員会メンバーは今後さらなる飛躍をめざしている。この本も、紆余曲折を経て、何とか刊行にこぎつけることができた。このでき上がった本が、最初に書いたように、現在の憲法状況の中で、草の根の憲法運動に少しでも参考にしてもらえるものであればとても嬉しい。

なお、この本を作るに当たっては、これまでに憲法フェスティバルに中心的に関わっていただいた皆さんに声をかけて十数回の編集委員会を重ねた。この編集委員会の出席者は以下の通り。相川早苗、浅見洋子、井堀哲、大石太郎、海部幸造、北山紀子、小池勲、柴崎仁志、下林秀人、田名網幸太郎、沼辺民子、林世志江、原田敬三、平出吉茂、間嶋信子、宮原哲朗、森川文人、吉田邦夫。ここで話し合われた基本的な構成やコンセプトに従って数人の編集委員で議論をして内容をつめ、それをふまえて分担して執筆した。

「I　憲法フェスティバルの誕生」を執筆した宮原哲朗さんは、当時青年法律家協会憲法委員会責任者で、一九八七年憲法フェスティバルの開催に中心的役割を果たした人。「II　憲法フェスティバル二〇年の軌跡」の毎年の企画内容と状況については、下林秀人、大石太郎、大石聡子、森川文人、金竜介、平出吉茂、井堀哲、海部幸造が、それぞれ関わった時期に従って分担をして執筆し、「III〈憲法フェスティバル〉って何だ？」については、執筆者名を各項の末尾に記載した。

この本のタイトル「憲法くん出番ですよ」についてひとこと述べておきたい。

本文に書かれているように松元ヒロさんの当たり役の一つ「憲法くん」は、憲法フェスティバルの中で生まれた。いや、松元ヒロさんの「憲法くん」だけではない。私たちは、二〇年にわたる憲法フェスティバルの舞台で、毎年「憲法くん」を送り出してきたと思っている。

そして今や私たちの日本国憲法はかつてない危機に見舞われている。「この憲法の危機に『憲法くん出番ですよ』とは悠長な。状況認識がズレていないか」と思われる向きもあるかもしれない。しかし、そうではない。私たちの日本国憲法の、平和憲法のこの危機は、逆に、私たちが大きく草の根の運動を拡げ、憲法改悪の攻撃を押し戻すことによって憲法を護り活かし、「未完の近代市民革命」（Ⅳの森英樹さんのエール参照）を完成させるための好機でもあるのだ。そうした思いを込めて私たちは言いたい。「憲法くん出番ですよ」。

この本を発刊できたについては、花伝社の柴田章氏に本当にお世話になった。氏には、編集委員会の合宿や内容の議論にまでつきあっていただき、鋭い示唆で議論を深めてもいただいた。氏に関わってもらわなかったらこの本の発刊はなかった。心からお礼申し上げたい。

最後に、二十歳を迎えることが出来た憲法フェスティバルをそれぞれの時期に支えて下さった皆さん、出演してくださった皆さん、実行委員そして実行委員であった皆さん、裏方を勤めて下さった皆さん、ご賛同をいただいた皆さん、そして観客の皆さん、お一人おひとりに、心から感謝申し上げます。ありがとうございました。そして、これからも、憲法を護り生かす運動のひとつとして頑張っていきます。どうぞよろしくお願いいたします。

（「憲法フェスティバル二〇年誌」編集責任者）

**憲法フェスティバル実行委員会**

「憲法への招待」を合い言葉に、1987年以来、毎年5月、東京で憲法フェスティバルを開催してきた。実行委員会は趣旨に賛同する個人で運営され、常時、実行委員を募っている。
HP：〈憲法フェスティバル〉http://www.kenfes.com/
Email：kenfes2003@peace.email.ne.jp

**憲法くん出番ですよ——憲法フェスティバルの20年——**

2007年5月19日　初版第1刷発行

編　者 —— 憲法フェスティバル実行委員会
発行者 —— 平田　勝
発行 —— 花伝社
発売 —— 共栄書房
〒101-0065　東京都千代田区西神田2-7-6 川合ビル
電話　03-3263-3813
FAX　03-3239-8272
E-mail　kadensha@muf.biglobe.ne.jp
URL　http://kadensha.net
振替 —— 00140-6-59661
装幀 —— 神田程史
印刷・製本 — 中央精版印刷株式会社

ISBN978-4-7634-0494-7 C0036

## 花伝社の本

---

### 護憲派のための軍事入門

山田　朗

定価（本体 1500 円＋税）

●ここまできた日本の軍事力
新聞が書かない本当の自衛隊の姿。東アジアの軍事情勢。軍事の現実を知らずして平和は語れない。本当に日本に軍隊は必要なのか？

---

### ノーモア・ミナマタ

北岡秀郎 + 水俣病不知火患者会 + 弁護団

定価 ( 本体 800 円 + 税 )

●水俣病は終わっていない
すべての被害者の救済を求めて。あらたに救済を求める人々が 4000 名を越え、1000 名を越える人々があらたな訴訟に立ち上がった。世代を越える汚染は、いまも住民の体を確実にむしばんでいる……。

---

### 【新版】楽々《らくらく》理解ハンセン病

ハンセン病国賠訴訟を支援する会・熊本
武村　淳　編

定価 ( 本体 800 円 + 税 )

●ハンセン病を知っていますか
人生被害——人間回復への歩み。医学の責任論——世界の医学の流れに反して、強制隔離政策が戦後もなぜ日本で続けられたか？　ハンセン病の歴史。日本の植民地支配とハンセン病。

---

### 川辺川ダムはいらん！ PART ②
—ダムがもたらす環境破壊—

川辺川ダム問題ブックレット編集委員会

定価 ( 本体 800 円 + 税 )

●かけがえのない川辺川の豊かな自然
ダムが出来ると流域の環境はどうなるのか？ダムがもたらす環境破壊を分かりやすく解説。

---

### 若者たちに何が起こっているのか

中西新太郎

定価（本体 2400 円＋税）

●社会の隣人としての若者たち
これまでの理論や常識ではとらえきれない日本の若者・子ども現象についての大胆な試論。世界に類例のない世代間の断絶が、なぜ日本で生じたのか？　消費文化・情報社会の大海を生きる若者たちの喜びと困難を描く。

---

### やさしさの共和国
—格差のない社会にむけて—

鎌田　慧

定価（本体 1800 円＋税）

●酷薄非情の時代よ、去れ——気遣いと共生の時代よ来たれ！
小泉時代に吹き荒れた強者の論理。日本列島のすみずみに拡がった格差社会。いまの社会でない社会をどう目指すのか？どんな社会や生き方があるのか……時代の潮目に切り込む評論集。